Mein persönliches Gratisbuch
vom Verlag Das Beste

Lebensalltag im Mittelalter

REISEN·IN·DIE
VERGANGENHEIT

Lebensalltag
im
Mittelalter

Verlag Das Beste Stuttgart · Zürich · Wien

**Mit kräftigen Schlägen
formen Silberschmiede
auf einem Amboß Metall zu
einer dünnen Scheibe.**

Pferde, die im Mittelalter Ochsen als Zugtiere ablösen, ziehen eine Kutsche mit adligen Reisenden.

LEBENSALLTAG IM MITTELALTER

Gestaltung und Realisation: Toucan Books Limited, London.

Redaktion: Dirk Katzschmann
Grafik: Frohmut Jammers
Bildresearch: Helen Wiggett
Produktion: Klaus Stecher

Freie Mitarbeit
Übersetzung: Cornelia Fink

Entwicklung Sachbuchprogramme
Redaktionsdirektor: Ludwig R. Harms
Leitender Redakteur: Georg Kessler
Leitung Bildredaktion: Werner Kustermann

Materialwirtschaft
Direktor Materialwirtschaft: Joachim Forster
Leitung Produktion Sachbücher und
Illustrierte Serien: Joachim Spillner

© der englischen Originalausgabe:
1993 Reader's Digest Association Limited, London
© der deutschsprachigen Ausgabe:
1994 Verlag Das Beste GmbH, Stuttgart

**Ein französisches
Liebespaar beim
feierlichen
Ringtausch.**

Printed in Italy

ISBN 3 87070 524 8

INHALT

Hausarbeit war im Mittelalter ausschließlich Frauensache.

Diese italienische Zeichnung zeigt einen Handwerker bei der Bearbeitung einer Schüssel.

Mit kritischem Blick wacht ein Kunde darüber, daß der Verkäufer die Ware sorgfältig wiegt.

Die Bauern im Mittelalter säten das Korn von Hand.

DIE WELT DES MITTELALTERS

Wagemutige Ritter, risikofreudige Kaufleute, fleißige Handwerker und hart arbeitende Bauern

prägen das Bild dieser bedeutenden Epoche europäischer Geschichte ebenso wie

mächtige Herrschergestalten und einflußreiche Päpste.

Das Mittelalter, die Epoche zwischen Altertum und Neuzeit, umfaßt die Zeit vom Untergang des Römischen Reiches im 5. Jh. bis zum Ende des 15. Jh., als zahlreiche Erfindungen und Entdeckungen sowie die Reisen des Kolumbus das Weltbild der Menschen entscheidend verändern. Die rund 1000 Jahre mittelalterlicher europäischer Geschichte können in drei große Abschnitte eingeteilt werden. Das Frühmittelalter vom 6. bis zum 9. Jh. ist geprägt von der weitgehenden Christianisierung des Abendlandes, und nördlich der Alpen bildet sich mit dem Reich der Franken ein neuer Machtschwerpunkt. Das Hochmittelalter, die Epoche, die gemeinsam mit dem Spätmittelalter in dem vorliegenden Band behandelt wird, erstreckt sich vom 10. bis zum 13. Jh. Mächtige deutsche Herrschergeschlechter wie die Ottonen, Salier und Staufer sowie ein erstarkendes Papsttum bestimmen in dieser Zeit die Geschicke Europas. Der Aufstieg der Städte und des Bürgertums, ein blühender Handel und die Schwächung von Papst- und Kaisertum zugunsten mächtiger Landesherren kennzeichnen das Spätmittelalter, in dem die Pest Mitte des 14. Jh. einen tiefen Einschnitt markiert.

GEBEN UND NEHMEN

Die Gesellschaft des Hochmittelalters gründet auf dem Lehnswesen, das auf römische, keltische und germanische Ursprünge zurückgeht und schon im 8. Jh. im Fränkischen Reich Gestalt angenommen hat. Um ihre Macht zu stärken, vergeben Könige an ihre adlige Gefolgschaft ein Lehen, d. h. Landbesitz, Ämter und verschiedene Privilegien. Diese Lehen sind keine Geschenke – die Herrscher erwarten von ihren Lehnsmännern, den Vasallen, Treue und im Fall bewaffneter Auseinandersetzungen militärische Hilfe. Die Lehnsmänner des Königs festigen ihre eigene Stellung, indem auch sie Lehen an Untervasallen vergeben. Dienstverhältnisse, die auf einem Geben und Nehmen beruhen, werden in allen Schichten der Gesellschaft geschlossen, so daß der Zusammenhalt der mittelalterlichen Gesellschaft auf persönlichen Beziehungen gründet.

Im 9. Jh. erreichen zahlreiche adlige Vasallen, daß die ursprünglich nur leihweise vergebenen Ländereien und Ämter erblich werden. Darüber hinaus versuchen sie ihren Besitz zu sichern und zu erweitern, indem sie mit mehreren Herren Lehnsbindungen eingehen. Dies bedeutet eine Schwächung der Königsmacht: Die Lehnsmänner, die direkt dem König verpflichtet sind, können sich nicht auf ihre Untervasallen verlassen, da diese sich im Fall verschiedener Verpflichtungen meist für den Herrn entscheiden, der sie mit dem größten Lehen versehen hat. In England und Frankreich müssen daher alle Lehnsmänner einen Eid leisten, der sie vor allen anderen Bindungen zur Treue gegenüber dem König verpflichtet.

In Deutschland hingegen haben viele Fürsten ihre Position auf Kosten des Königtums gestärkt, und im 12. Jh. scheitert der Versuch von Friedrich I. Barbarossa, die Herrschermacht durch einen allgemeingültigen Treueeid gegenüber der Krone zu festigen. Die Lehnsbeziehungen in Deutschland sind im 12. und 13. Jh. von der sogenannten Heerschildordnung geregelt. Diese unterscheidet sieben Heerschilde, d. h. Einzelpersonen oder Stände unterschiedlichen gesellschaftlichen Ranges. Träger des obersten Heerschildes ist der König, dem hohe Geistliche und Fürsten nachgeordnet sind. Darunter rangieren Vertreter anderer Stände, von denen viele den Reichsfürsten des ersten und zweiten Heerschildes, nicht aber dem König Treue schulden.

In dieser Lehnspyramide ist kein Platz für die Bauern. Sie sind von den Waffendiensten, die ein

Diese Illustration aus dem 14. Jh. zeigt einen Ausschnitt aus der mittelalterlichen Gesellschaft: den von hohen weltlichen und geistlichen Würdenträgern umgebenen Kaiser sowie Hofbeamte, Bedienstete und Soldaten.

Vasall leisten muß, befreit, aber sie müssen statt dessen auf den Ländereien eines Gutsbesitzers arbeiten und ihm verschiedene Abgaben leisten. Geflügel, Ferkel, Käse, Wein, Butter und Getreide zählen zu den Naturalien, die sie an den Grundherrn, der ihnen Schutz zusichert, abführen müssen. Da auch die Kirche bestimmte Abgaben fordert, bleibt den Bauern in schlechten Zeiten nicht viel zum Leben, und oft können sie die verlangten Naturalleistungen nicht aufbringen.

Harte Arbeit von Sonnenaufgang bis Sonnenuntergang prägt das Leben der Landbevölkerung, die in ständiger Angst vor Mißernten lebt. Selbst eine gute Ernte bringt nur die dreifache Menge des

Saatgutes. Die Bauern ernähren sich von Brei, Brot und Milchprodukten, während Fleisch nur selten auf dem Speiseplan steht. Sie tragen einfache, grobe Arbeitskleidung; modische Extravaganzen bleiben Adligen und reichen Bürgern vorbehalten.

Ab dem 12. Jh. beginnt sich die Lage der bis dahin überwiegend unfreien Landbevölkerung langsam zu verbessern. In Diensten slawischer Fürsten kolonisieren deutsche Bauern Land in Osteuropa. Sie besitzen bessere landwirtschaftliche Geräte als die Slawen und erzielen daher größere Erträge. Die Deutschen müssen keine Dienste leisten und erhalten ein Stück Land in Erbpacht.

Auch im übrigen Europa geht es der ländlichen Bevölkerung nicht mehr so schlecht wie früher. Der Grundherr muß seinen Bauern größere Freiheiten zugestehen, damit sie nicht den Angeboten der Männer erliegen, die im Auftrag der slawischen Fürsten Siedler werben. Darüber hinaus drängt es viele Bauern in die aufstrebenden Städte, wo bessere Lebensbedingungen und vor allem die Freiheit locken.

DER AUFSCHWUNG DER STÄDTE

Nach dem Untergang des Römischen Reiches waren die Städte der Römer allmählich verfallen, weil die Germanen es weiterhin vorzogen, in Dörfern zu leben. Seit dem 11. Jh. jedoch wachsen kleine, in der Nähe von Herrensitzen gelegene Kaufmannssiedlungen rasch zu größeren Ortschaften heran. Darüber hinaus gründen viele Fürsten Städte, um aus deren schnell zunehmender Wirtschaftskraft Nutzen zu ziehen.

Das Zentrum der mittelalterlichen Städte ist der Markt. Die Ackerbauern, die in der Stadt Landwirtschaft betreiben, bieten ihre Produkte feil, und auch Bauern aus der Umgebung erhoffen sich in der Stadt ein gutes Geschäft. Sie müssen ebenso wie die fremden Kaufleute beim Passie-

Im prächtigen Gestühl ihrer Klosterkirche sitzend, singen Dominikanernonnen das Lob Gottes (oben). Ein berittener Priester begibt sich auf eine Wallfahrt (rechts).

Auch nach der Glanzzeit des Rittertums im 12./13. Jh. waren Ritterturniere bedeutende gesellschaftliche Ereignisse. Doch im Unterschied
zu den ersten Turnieren, die an Schlachten erinnerten, hielt sich die
Gefahr für Leib und Leben im Spätmittelalter in Grenzen (oben). Eine
Adlige empfängt die Nachricht vom Tod „ihres" Ritters (rechts).

ren der Stadttore Zollgebühren für ihre Waren
entrichten.

Unfreie Bauern, die in die städtische Gemeinschaft aufgenommen werden wollen, genießen
deren Schutz, falls der Grundherr nicht innerhalb
einer Frist seine Ansprüche geltend macht. Manchmal handelt es sich bei diesem Zeitraum nur um
wenige Wochen, häufiger jedoch um ein Jahr, und
so steht in zahlreichen Stadtrechten, daß ein
Neubürger „binnen Jahr und Tag" frei sei.

Kaufleute
und Hand-
werker tragen wesentlich zum
Aufschwung der Städte bei. Sie schließen
sich in Gilden und Zünften zusammen, die
ihre Interessen vertreten. Eine Zunft ist allerdings
nicht nur die genossenschaftliche Vereinigung
eines Berufsstandes, sie ist vor allem auch eine
große Familie mit einem stark ausgeprägten Gemeinschaftsleben. Die Angehörigen einer Zunft
feiern zusammen Feste, und sie haben
eine bestimmte Tracht und eine gemein-
same Flagge. Falls ein Handwerker

Auf Anordnung des englischen
Königs Wilhelm I., des Eroberers,
entstand 1086/87 das berühmte
Domesday Book. Diese umfassende Bestandsaufnahme
aller englischen Ländereien,
der Viehbestände und der
Pachten diente als Grund-
lage für die Besteuerung.

Während die Bauern hart arbeiten mußten, um sich ihren kargen Lebensunterhalt zu sichern (oben), hatten die wohlhabenden Stadtbürger die Muße für manch unterhaltsamen Zeitvertreib (links).

Der Vater ist das unbestrittene Familienoberhaupt; die Frauen haben nur wenige Rechte, und viele werden von ihren Männern geschlagen. Liebesheiraten sind sehr selten, denn fast immer suchen die Eltern den Ehepartner aus. Auf dem Land obliegt diese Entscheidung manchmal auch dem Grundherrn oder dem Dorfpfarrer. Die Kinder werden schon sehr früh an den Ernst des Lebens herangeführt. Dennoch finden sie fast immer Zeit für Spiele, von denen viele noch heute bekannt sind.

einen tödlichen Arbeitsunfall erleidet, sorgt seine Zunft für die Hinterbliebenen. Durch die Ausschaltung stadtfremder Konkurrenz sorgen die Zünfte, die auch Qualität und Preis der Waren überwachen, dafür, daß jeder einheimische Handwerker sein Auskommen hat.

Im Unterschied zu den reichen Kaufleuten, die geräumige, mehrstöckige Häuser bewohnen, leben die Handwerker in kleinen Häuschen mit winzigen Fenstern. Die Häuser stehen dicht an dicht, da der Raum in den von Mauern umschlossenen Städten begrenzt ist. Private Rückzugsmöglichkeiten gibt es nicht, und selbst nachts findet man nur selten Ruhe, da Eltern und Kinder meist in einem Raum schlafen müssen.

IN GOTTES HAND
Unabhängig von ihrer gesellschaftlichen Stellung haben die Menschen des Mittelalters eine Gemeinsamkeit: den Glauben an die Allmacht und die Allgegenwärtigkeit Gottes. Zentren des Glaubens sind die Klöster, in denen die Mönche nach dem benediktinischen Grundsatz „Bete und arbeite" leben.

Die Klöster sind maßgeblich an der Errichtung ehrfurchtgebietender Gotteshäuser beteiligt. In ihrem Auftrag entstehen unter der Anleitung der besten Baumeister schlichte, aber dennoch eindrucksvolle romanische Kirchen mit Rundbogen

Eine feste Ordnung: Bauern treten vor einen Beamten ihres Grundherrn, um Treue zu geloben.

und massiven Mauern. Ab dem 12. Jh. wird erst in Frankreich und später auch in anderen Ländern im Stil der Gotik gebaut: hoch emporragende, licht-durchflutete Kathedralen bieten den Gläubigen einen überwältigenden Anblick.

Die Klöster spielen auch eine Hauptrolle in der Geschichte der Kreuzzüge, die von 1095 bis zum Ende des 13. Jh. reicht. Bernhard von Clairvaux, der bedeutendste Abt des Zisterzienserordens, ruft 1146 im Auftrag des Papstes in Deutschland und Frankreich zum Zweiten Kreuzzug auf, der aller-dings vor Damaskus scheitert. Gut 50 Jahre zuvor hatte Papst Urban II. auf einem Konzil im franzö-sischen Clermont in einer flammenden Predigt die Christenheit für den Ersten Kreuzzug begeistert, der 1099 mit der Einnahme Jerusalems durch christliche Kreuzritter endete.

Urban II. ist einer der Päpste, die in den Investiturstreit verwickelt sind. In dieser Auseinandersetzung zwischen dem Papst- und dem Königtum geht es um das Recht der Einsetzung von hohen Geistlichen in ihre Ämter. Dieses Recht hatten bis 1073 die Könige in Anspruch genommen, doch in diesem Jahr wird mit Gregor VII. ein Papst gewählt, der die Vorherrschaft der geistlichen über die weltliche Gewalt anstrebt. Er ist der Überzeugung, daß der Papst als der Stellvertreter Gottes auf Erden die Amtseinsetzung der Bischöfe und der Äbte vornehmen muß. Der deutsche König Heinrich IV., der sich den Forderungen des Papstes widersetzt, wird im Jahr 1076 mit einem Bann belegt, den er 1077 durch den aufsehenerregenden Bußgang nach Canossa lösen kann. 1122 schließt sein Sohn, Heinrich V., einen Vertrag mit der Kirche, um den Konflikt beizulegen. Dieser Vertrag, das *Wormser Konkordat*, sieht vor, daß die deutschen Bischöfe vom König die weltlichen Hoheitsrechte und vom Papst die geistliche Gewalt verliehen bekommen.

GLANZ UND ELEND DES RITTERTUMS

Das Mittelalter ist die Zeit der Ritter, die ihre wehrhaften Burgen meist auf hohen Bergrücken errichten. Steht die Burg jedoch in einem Tal, wird sie von Wassergräben umschlossen und dicken Mauern geschützt. Wenn die Ritter ihre Herren nicht bei einer Fehde unterstützen oder im Auftrag des

Der Schlaf der Gerechten: Diese Glasmalerei zeigt die biblischen Gestalten Sara und Tobias, deren unverbrüchlicher Gottesglaube durch eine ungestörte Nachtruhe belohnt wird.

Papstes auf einem Kreuzzug sind, bewirtschaften sie ihre Ländereien als Gutsherren und Bauern.

Die Blütezeit des Rittertums liegt im 12./13. Jh., als das Geschlecht der Staufer das Heilige Römische Reich Deutscher Nation regiert. Die Stauferkaiser Friedrich I. Barbarossa (1155–1190) und Friedrich II. (1220–1250) versuchen die kaiserliche Macht in Italien zu stärken, und Friedrich II. residiert in Süditalien, während er die Regierung in Deutschland einem Fürstenrat überläßt.

Mit dem Tod von Friedrich II. endet die Glanzzeit der Staufer. Konradin, der letzte Sproß des großen Geschlechts, versucht ohne Erfolg, Sizilien, das an Karl von Anjou gefallen war, zurückzugewinnen, und wird im Jahr 1268 auf dem Marktplatz von Neapel hingerichtet.

Vorbei ist auch die Blütezeit des Rittertums. In den aufstrebenden Städten sind zahlreiche Bürger zu Ansehen und Wohlstand gekommen. Die Ritter hingegen verarmen, und „ihre" Bauern sind nicht bereit und auch nicht fähig, höhere Abgaben an sie zu zahlen. Die einst stolzen Burgenbesitzer werden zu Raubrittern, die Straßen und Wege unsicher machen.

Das Spätmittelalter ist die Zeit des aufstrebenden Bürgertums. Neue Handelswege werden erschlossen, und unternehmungslustige Kaufleute machen in fernen Ländern gute Geschäfte. Technik und auch Wissenschaft machen Fortschritte, obwohl die Kirche viele Erkenntnisse als Ketzerei verdammt. Die Entdeckung Amerikas durch Kolumbus im Jahr 1492 öffnet den Blick in eine „Neue Welt" und markiert den Beginn einer neuen Zeit.

FAMILIENLEBEN IM MITTELALTER

Die Menschen des Mittelalters heirateten sehr jung und hatten viele

Kinder, die jedoch häufig schon in zartem Alter starben.

Unbestrittene Familienoberhäupter waren die Männer, während die Frauen

nur sehr wenige Rechte besaßen. Sehr früh begann der Ernst des

Lebens für die Kinder, deren erste Jahre dennoch

von unbeschwertem Spiel mit ihren Altersgenossen geprägt waren.

HEIRAT UND EHE

Die Liebe spielte in den meisten Ehen des Mittelalters nur eine untergeordnete

Rolle – den Partner wählten Lehnsherren, Dorfpfarrer oder Eltern aus.

Für viele Frauen begann mit der Hochzeit ein jahrelanges Martyrium.

Anders als heute gab es im Mittelalter zwischen Paaren vor der Ehe in der Regel keine tiefere persönliche Beziehung. Obwohl das Kirchenrecht die freie Einwilligung beider Partner als Voraussetzung für eine gültige Hochzeit ansah, wurden viele Ehen ohne vorherige Zustimmung des zukünftigen Paares von den Eltern arrangiert. Dies nahmen die Betroffenen jedoch nicht immer klaglos hin. So wehrte sich im 14. Jh. eine etwa 20jährige englische Adlige entschieden gegen die Entscheidung ihrer Eltern, sie aus finanziellen Gründen mit einem mehr als 30 Jahre älteren Witwer zu verheiraten. Aus Briefen geht hervor, daß die junge Frau wiederholt von ihrer Mutter schwer mißhandelt wurde, ohne daß diese es schaffte, den Willen ihrer Tochter zu brechen.

Während es Angehörigen von Adelsfamilien zumindest in seltenen Fällen gelang, das von der Kirche verbürgte Recht der freien Willensentscheidung in Anspruch zu nehmen, mußten Leibeigene sich widerstandslos den Anordnungen ihrer Herren fügen. So ordnete der Abt von Hales in der

englischen Grafschaft Lancashire im Jahr 1274 an: „John Romsley und Nicholas Sewal haben bis zum nächsten Gerichtstag Zeit, um sich für eine der ihnen angebotenen Witwen zu entscheiden." Sofern sich die Gutsherren nicht um die Eheschließungen kümmerten, gab es allerdings auf dem Land in der Regel mehr Möglichkeiten zur freien Partnerwahl. Denn im Unterschied zu Adligen und wohlhabenden Stadtbürgern spielten bei den Armen wirtschaftliche oder – wie beim Hochadel – gar politische Erwägungen bei einer Eheschließung nur eine untergeordnete oder überhaupt keine Rolle. Reiche Bauern verfolgten bei der Verheiratung ihrer Kinder allerdings ebenfalls handfeste wirtschaftliche Interessen.

Obwohl die mittelalterliche Gesellschaft streng hierarchisch gegliedert war, gab es hin und wieder auch Eheschließungen zwischen Partnern mit unterschiedlichem gesellschaftlichen Status. Unter ihrem Stand heirateten jedoch fast ausschließlich Frauen.

Lodovico Gonzaga, im 15. Jh. Markgraf von Mantua, umgeben von seiner Familie und Angehörigen seines Hofes.

Grobe Späße waren bei mittelalterlichen Hochzeiten keine Seltenheit. Hier stellt ein übermütiger Gast seinen Fuß auf die Schleppe des Brautkleides.

In England jedoch waren Ehen zwischen Adligen und Töchtern wohlhabender Kaufleute zwar nicht die Regel, aber auch nicht vollkommen unüblich. Und in Burgund gab es im 13. Jh. sogar Hochzeiten von Edelfrauen und Söhnen sehr reicher Bauern – ansonsten waren die Bauern bei der Auswahl ihrer Ehepartner jedoch auf ihren Stand beschränkt.

Im 12. Jh. erließ Papst Alexander II. ein Dekret, welches vorschrieb, daß Mädchen mindestens zwölf und Jungen wenigstens 14 Jahre alt sein mußten, bevor sie eine Ehe eingehen konnten. Vorher hatte man in adligen Kreisen auch wesentlich jüngere Kinder verheiratet. Friedrich II., der große Stauferkaiser, wurde schon mit acht Jahren verlobt, und es gab auch Adlige, die in diesem Alter eine Ehe schlossen. Eine englische Edelfrau, die mit acht Jahren einem gleichaltrigen Adligen angetraut worden war, sah schon vor Erreichen des 13. Lebensjahres Mutterfreuden entgegen.

Nicht selten aber lebten bereits verheiratete adlige Kinder noch jahrelang bei ihren Eltern, bevor sie mit dem Partner zusammenzogen. In einigen Fällen gelang es Paaren, die gegen ihren Willen verheiratet worden waren, noch Jahre nach der Hochzeit, die Gültigkeit der Ehe anzufechten. Voraussetzung hierfür war der Nichtvollzug der Ehe.

HEIRATSVERTRÄGE

Einer Hochzeit gingen üblicherweise Verhandlungen zwischen den Familien, die Verlobung des Paares und das Aufsetzen eines offiziellen Heiratsvertrages voraus. Bei Verlobung und Vertragsschließung war meist ein Vertreter der Kirche zugegen. Festgelegt wurden u. a. die Besitzfragen, die besonders im Fall des vorzeitigen Todes des Gatten für die Frau große Bedeutung erlangten. Geld und andere Besitztümer, welche die Angehörigen der Ehefrau ihrer Tochter als Mitgift gaben, gingen in die Verfügungsgewalt des Mannes oder in die seiner Eltern über. Als Gegenleistung hatte die Frau nach dem Tod ihres Mannes Anspruch auf einen bestimmten Teil des Besitzes; meist handelte es sich dabei um ein Drittel oder die Hälfte des Vermögens, zu dem auch das Land gerechnet wurde. Da bei der Schließung einer Ehe die finanziellen Aspekte im Vordergrund standen, feilschten die Eltern oft lange um die Höhe von Mitgift und Wittum, wie man die Witwenversorgung der Frauen nannte. Detaillierten Aufschluß

Schlichte Hochzeitszeremonie auf dem Land (oben). Ein Ritter legt dem von ihm verehrten Edelfräulein seine Rüstung zu Füßen (rechts).

DIE ZEIT DER MINNE

In den Städten und an den Fürstenhöfen sangen die Minnesänger von ihrer Liebe zu einer unerreichbaren adligen Dame.

Neben dem Dienst für den Lehnsherrn und dem Dienst für die Kirche mußte der „ideale" Ritter auch Frauen- oder Minnedienst leisten. Im Unterschied zu den beiden anderen Verpflichtungen, die für jeden Ritter bindend waren, blieb der Minnedienst meist ein Privileg bessergestellter Ritter aus höfischen Kreisen. Einfachen Rittern, die in Friedenszeiten als Bauern arbeiteten, mangelte es nämlich an der Muße, um einer adligen und verheirateten Frau zu „dienen". Dieser Dienst vollzog sich nach festen Regeln: Der Ritter wählte sich eine Herrin und trug bei den Ritterturnieren ihre Farben. Die Adlige, deren gesellschaftliche Stellung meist höher war als die des Ritters, nahm dessen offene Verehrung gnädig zur Kenntnis; weitere Gunstbezeugungen waren im Rahmen dieses an ein Spiel erinnernden Minnedienstes nicht möglich.

Traute Zweisamkeit: ein junger Mann mit seiner Angebeteten.

Die Verehrung einer Frau aus höfischen Kreisen war auch das Hauptthema der deutschen Minnesänger, die von den Liedern der aus Südfrankreich stammenden Troubadours beeinflußt waren. Besungen wurde nicht eine ganz bestimmte Frau, sondern ein ideales, unerreichbares Wesen. Die Minnesänger trugen ihre Lieder öffentlich vor, in Städten, auf Reichstagen und an Fürstenhöfen.

Die Minne, das liebende Gedenken an eine Frau, ohne Hoffnung auf Erhörung, war nicht nur Inhalt der Minnedichtung, sondern wurde darüber hinaus in vielen mittelalterlichen Epen behandelt. So wird auch Parzival, der Held des gleichnamigen großen Epos von Wolfram von Eschenbach, mit der Minne vertraut gemacht. Um 1170 in Mittelfranken geboren, hat der Verfasser des *Parzival* auch einige Minnegedichte verfaßt, in denen meist der Abschied von zwei Liebenden im Morgengrauen geschildert wird. Diese sogenannten Tagelieder zeigen eine Liebesbeziehung, die auf Gegenseitigkeit beruht und so die Konventionen der „hohen Minne" verletzt. Das stilisierte Frauenbild der hohen

Ein verliebtes Paar vor dem Tor zum „Garten der Liebe", der in vielen mittelalterlichen Liedern besungen wurde.

Minne kommt am deutlichsten in den Liedern des Elsässers Reinmar von Hagenau zum Ausdruck. Zucht, Zurückhaltung, Anstand und Maß sind für ihn die Werte, welche die Beziehung zur verehrten Frau bestimmen. Sinnlichkeit, wie sie in den Texten manch anderer Minnesänger anklingt, ist aus seinen Liedern verbannt.

Ein Schüler Reinmar von Hagenaus war der bedeutendste deutsche Minnesänger, Walther von der Vogelweide. Er wurde um das Jahr 1170 wahrscheinlich in Österreich als Angehöriger des niederen Adels geboren und verbrachte den größten Teil seines Lebens in den Diensten von Bischöfen und Fürsten. Zu seinen bedeutendsten Gönnern zählten Philipp von Schwaben, der Welfe Otto IV. und der Staufer Friedrich II., von dem er 1220, zehn Jahre vor seinem Tod, ein Lehen bei Würzburg erhielt. Seine wechselnden Herren schätzten ihn nicht nur als Minnesänger, sondern auch als Verfasser von lehrhafter Spruchdichtung, mit der er zu ihren Gunsten Stellung bezieht oder allgemeine Aussagen

Symbol der Liebe: Eine junge Frau bindet die Hände ihres Geliebten, um ihn an sich zu „fesseln". Daneben sieht man einen deutschen Ritter in seiner schweren Rüstung.

zum beklagenswerten Zustand der Welt macht.

Als Minnesänger wendete sich Walther von der Vogelweide von seinem Lehrer Reinmar von Ha-

genau bald ab und vertrat ein neues Ideal: die „niedere Minne". Die Liebe galt nun nicht mehr einer verheirateten, unerreichbaren Adligen, sondern einem Mädchen von niederem Stand. Die Frau wurde zur Partnerin und das Liebeserlebnis Realität.

Noch weiter als Walther von der Vogelweide entfernte sich Gottfried von Straßburg vom Ideal der hohen Minne. Der Dichter, der im späten 12. Jh. in Straßburg geboren wurde, zeigte in seinem unvollendeten Versroman *Tristan und Isolde* die zerstörerischen Kräfte der Liebe. Tristan und die Braut seines Onkels, König Marke von Cornwall, verlieben sich, nachdem sie irrtümlich einen für Marke bestimmten Liebestrunk zu sich genommen haben. Isolde wird zur Ehebrecherin und flieht mit ihrem Geliebten. Isolde kehrt zwar nach einigen Jahren zu ihrem Mann zurück, doch der Liebeszauber ist nicht vollständig gebrochen und führt schließlich zum tragischen Ende der Liebenden.

Mittelalterliche Allegorie: Ein geheimnisvoller schwarzer Ritter hat das „liebende Herz" in den Strom der Tränen geworfen, doch eine Frau, welche die Hoffnung verkörpert, kann die Liebe retten.

über die genauen Regelungen des Güterrechts liefern mittelalterliche Rechtsbücher. Im berühmten *Sachsenspiegel*, der zwischen 1224· und 1231 verfaßt wurde, gibt es eine lange Aufzählung, was neben dem Leibgedinge, dem Grundeigentum, alles zum möglichen Erbe einer Frau zählte: Schafe und Gänse, Kästen mit gewölbten Deckeln, Garn, Kissen, Laken aus Leinen, Tisch- und Badelaken, Tücher, Becken und Leuchter, alle Frauenkleider, Fingerringe, Armreifen, Kopfputz, Psalter und alle zum Gottesdienst gehörenden Bücher. Darüber hinaus wurden Sessel, Kisten, Teppiche, Bänder und Vorhänge zum Erbe einer Witwe gerechnet.

Seit Beginn des 13. Jh. war die Veröffentlichung eines Aufgebots üblich, das drei Wochen vor der Hochzeit an das Kirchentor geschlagen wurde. In dieser Zeit konnten Einwände gegen die Eheschließung vorgebracht werden. Die offizielle Heiratszeremonie fand vor dem Kirchenportal statt; ein Priester legte die Hände der Brautleute ineinander, nachdem diese öffentlich ihren Ehewunsch bekundet hatten. Im Anschluß an die Hochzeitsmesse im Innern der Kirche fand eine Feier statt, bei der viel getrunken wurde und derbe Anzüglichkeiten der Gäste an der Tagesordnung waren. Zahlreiche Geistliche betrachteten die ausgelassenen Hochzeitsfeste daher mit großem Mißbehagen; ein englischer Bischof ordnete im Jahr 1223 an, daß „Hochzeiten in Ehrfurcht und mit Respekt, jedoch nicht mit Gelächter oder Kurzweil oder als öffentliche Trinkgelage" gefeiert werden sollten.

EHEN VOR GERICHT

Neben den Heiratszeremonien vor und in der Kirche gab es bis Anfang des 15. Jh. auch zahlreiche Privattrauungen, die von der Kirche nach anfänglicher Duldung erst im Spätmittelalter mißbilligt wurden. Im 12. Jh. heißt es in einer kirchenrechtlichen Studie, die ein italienischer Mönch und Rechtsgelehrter verfaßt hatte, daß „ein junges Paar, das zwar lustvoll, doch in ehelicher Zuneigung lebt, nicht als Unzüchtige gelten, sondern Gemahle genannt" werden sollte. Auf dem Land hielt sich diese Art der pri-

Eine französische Adlige liest in ihrem Gebetbuch.

Obwohl laut Gesetz nur die Männer das Recht hatten, ihre Gattinnen zu züchtigen, verschafften sich in Ausnahmefällen auch Frauen durch Schläge Respekt.

vaten Eheschließung am längsten. Der Widerstand gegen diese nichtöffentlichen Hochzeiten ging vor allem von weltlichen Stellen aus. Grund war die große Zahl der Prozesse, die aufgrund von Bigamievorwürfen geführt wurden. In Straßburg versuchte man im 14. Jh., der Bigamie mit strengen Strafen vorzubeugen. So drohte man Männern wie Frauen, die einem Partner unter Verheimlichung einer früher geschlossenen Verbindung die Ehe versprachen, mit dem Ausstechen der Augen. Daß es auch Fälle offener Mehrehe gegeben haben muß, beweist eine andere Verordnung. So beschlossen die Straßburger Stadträte, jeden Mann für fünf Jahre aus der Stadt zu verbannen, der eine zweite Ehefrau in sein Haus aufnahm, obwohl er schon verheiratet war.

Offizielle Scheidungen gab es im Mittelalter zwar nicht, doch bestand durchaus die Möglichkeit einer räumlichen Trennung, die in bestimmten Fällen von Gerichten genehmigt wurde. Eine Wiederverheiratung zu Lebzeiten des getrennt lebenden Partners war jedoch völlig ausgeschlossen. Zu den Trennungsgründen, die von manchen Gerichten anerkannt wurden, zählten vor allem Ehebruch, aber auch der Nichtvollzug der Ehe, Trunkenheit der Frau, schwere ansteckende Erkrankungen oder vermeintlich ketzerische religiöse Auffassungen eines Partners. Auch die Mißhandlung der Frau galt als möglicher Trennungsgrund. Solche Entscheidungen blieben jedoch seltene Ausnahmen, war es doch durchaus üblich und anerkannt, daß Männer ihre Frauen schlugen. Übertriebene Roheit sollte allerdings vermieden werden, wobei die Gerichte immer wieder darüber zu entscheiden hatten, wo die Grenze zwischen erlaubter und unangemessener Gewalt lag. Städtische Prozeßunterlagen zeigen, daß die Gewalt gegen Frauen zum Alltag gehörte und nicht nur vom Ehemann ausgeübt wurde. Auch Verwandte des Mannes

Dieses Bild Jan van Eycks (um 1390–1441) gewährt einen Einblick in das Schlafgemach eines Ehepaares aus Brügge.

DIE FAMILIE DE COUCY

Die meisten Herrscher des Mittelalters mußten nicht nur die Grenzen ihres Landes gegen Feinde sichern, sondern auch jederzeit dafür gewappnet sein, sich aufständischer Adliger zu erwehren. Die Treueschwüre, die diese den Königen geleistet hatten, wurden schnell bedeutungslos, wenn persönlicher Ehrgeiz und militärische Stärke zusammentrafen und sich eine günstige Gelegenheit zum Aufstand ergab. Zu den Adelsgeschlechtern, deren stetig zunehmende Macht alle französischen Könige vom 10. bis 14. Jh. mit großem Mißtrauen registrierten, zählte auch die Familie de Coucy. In der nordfranzösischen Picardie residierten sie wie bedeutende Fürsten in einem gut befestigten Schloß. Sie ließen eigene Münzen prägen, erhoben Steuern und hatten eigene Gerichte. Das Personal auf ihrem Schloß umfaßte rund 500 Angestellte. Umworben und zugleich gefürchtet waren sie wegen ihrer hervorragend ausgebildeten Privatarmee, die ihnen als Machtbasis diente.

Mit besonderem Argwohn beobachteten die französischen Monarchen, daß die de Coucys auch enge Verbindungen mit britischen Adelsgeschlechtern eingingen und in England Besitz erwarben. Enguerrand VII. erhielt sogar den Titel eines Grafen von Bedford, nachdem er Isabella, eine Tochter des englischen Königs Eduard III.

Das Grabmahl Enguerrands VII. wird vom Familienwappen der de Coucys geschmückt (oben). Der Sire de Coucy hoch zu Roß (oben rechts).

(1312–1377), geheiratet hatte. Wegen der Ansprüche Eduards auf den französischen Thron begann 1337 der 100jährige Krieg zwischen England und Frankreich, und Enguerrand befand sich in einer sehr schwierigen Situation. Einerseits schuldete er seinem Schwiegervater absolute Loyalität, andererseits war er aber auch dem französischen Herrscher gegenüber zu Treue verpflichtet. So lange wie möglich versuchte Enguerrand neutral zu bleiben, doch die politischen Entwicklungen veranlaßten ihn schließlich, eine Entscheidung zugunsten von Frankreich zu treffen. Er teilte Richard II., der Eduard auf dem englischen Thron abgelöst hatte, seinen Entschluß mit, die französischen Interessen zu vertreten. Daß er sich darüber „außerordentlich betrübt" zeigte, hing nicht zuletzt mit den Konsequenzen seiner Entscheidung zusammen. Er verlor nämlich nicht nur seine britischen Ländereien, sondern er mußte auch auf seine englische Frau verzichten.

Enguerrand stritt fortan für die französische Seite; den Tod fand er jedoch nicht im Kampf gegen die Engländer, sondern auf einem Kreuzzug. Er fiel in die Hände des Feindes und starb in einem türkischen Gefängnis. Da Enguerrand keinen Nachkommen besaß, fielen seine gesamten Besitzungen an den König.

Enguerrand VII., der letzte Sproß des stolzen französischen Adelsgeschlechts de Coucy.

Die Kindererziehung lag vor allem in den Händen der Ehefrau (links). Ein Bote überreicht dieser jungen Frau ein Kästchen mit einem Brief ihres verreisten Ehemannes (rechts).

standen oft vor Gericht, weil sie von den Frauen angeklagt wurden.

Meist entschieden die Gerichte jedoch für die Ehemänner, denen sogar das Recht eingeräumt wurde, ihre Frauen zu töten, wenn sie sie beim Ehebruch ertappten. Die Strafen für einen männlichen Ehebrecher fielen dagegen sehr mild aus.

EHEFREUDEN UND GRAUER ALLTAG

Obwohl die meisten mittelalterlichen Ehen entweder von Lehnsherren, Dorfpfarrern oder Eltern angebahnt wurden und die wenigsten Partner sich aufgrund gegenseitiger Zuneigung das Jawort gaben, entwickelte sich doch mit der Zeit ein Gefühl der Vertrautheit zwischen den Eheleuten. Briefwechsel und Hausbücher zeugen davon, daß es durchaus enge Liebesbeziehungen zwischen Ehegatten gab. Solche Quellen informieren jedoch ausschließlich – und auch das nur sehr spärlich – über das Eheleben Adliger und des gehobenen Bürgertums.

Die wenigen Hinweise auf glückliche Ehen können nicht verschleiern, daß vor allem die Frauen den Ehealltag oft als sehr bedrückend empfanden. Sie unterstanden vollkommen der Autorität des Mannes, dem sie absoluten Gehorsam schuldeten. Sie durften keine Verträge abschließen und nur mit der Genehmigung ihres Gatten vor Gericht klagen. Ausgenommen war das Recht, gegen den eigenen Mann Klage zu erheben. Verheiratete Frauen besaßen somit weniger Rechte

als ihre ledigen Geschlechtsgenossinnen. So legte die Gesetzgebung Friedrichs II. in Sizilien fest, daß unverheiratete Frauen nach Vollendung des 18. Lebensjahres wie Erwachsene zu behandeln seien und neben den damit verbundenen Pflichten auch die entsprechenden Rechte hätten. Noch besser als junge Frauen, die noch keine Ehe eingegangen waren, standen sich meist die Witwen. Befreit von der Vormundschaft des Mannes, erlangten sie die Rechte zurück, die sie vor einer Heirat genossen hatten. Wenn ihr Erbteil groß genug war, konnten sie für ihren eigenen Unterhalt aufkommen, ohne die Hilfe ihrer Verwandten in Anspruch nehmen zu müssen.

Sich als ledige oder verwitwete Frau in einer noch wesentlich stärker als heute von Männern dominierten Gesellschaft zu behaupten, erforderte neben den wirtschaftlichen Voraussetzungen auch ein starkes Selbstbewußtsein. Einige verwitwete Frauen traten daher einem Orden bei, und viele andere gingen eine neue Ehe ein. In einem Hausbuch, das ein Franzose im Spätmittelalter für seine Frau verfaßte, wird auf eine mögliche Wiederverheiratung nach dem Tod des Mannes eingegangen. „Und daher sage ich Euch, verbreitet um Euren künftigen Ehemann gute Laune … haltet Frieden mit ihm und seid der alten Bauernweisheit eingedenk, daß drei Dinge den Herrn des Hauses aus seinem Heim treiben: ein beschädigtes Dach, ein qualmender Kamin und ein zänkisches Eheweib.“

MUSIK IM MITTELALTER

Während man in den Kirchen im Gleichklang sang, ertönten auf den Plätzen fröhliche, von vielen Instrumenten begleitete Weisen.

Mittelalterliche Trompeten besaßen ein langes, aus mehreren Einzelstücken zusammengesetztes Rohr, das in einer Stürze endete.

Musik in den unterschiedlichsten Formen begleitete den Alltag der Bevölkerung in den Städten, und Musik durfte auch bei keinem Bauernfest fehlen. Lieder erklangen bei der Feldarbeit, bei der Heimkehr von der Ernte und beim Spinnen der Frauen in der Stube.

Der Klang aufwendig gefertigter, teurer Musikinstrumente ertönte zwar lange nur in den Sälen von Burgen und Schlössern, aber auch auf dem Dorf kannte man eine Vielzahl von Instrumenten, wie Hackbretter, Dudelsäcke oder einfache Leiern und Fideln.

Im Unterschied zu den munteren Liedern der Bauern wurden alle Kirchenlieder bis zum 11. Jh. im Gleichklang gesungen; die Chöre priesen Gott immer in derselben Tonart, und alle Noten hatten ungefähr die gleiche Länge. Nach und nach entwickelte sich neben dem einstimmigen Gesang die Mehrstimmigkeit, und die Kirchenmusik wurde dadurch wesentlich abwechslungsreicher.

Im Mittelalter war die Notenschrift noch nicht so ausgefeilt wie in unserer Zeit (illustriertes Manuskript aus dem 15. Jh.).

„Wir brauchen nur die Worte der Anbetung, keine Harfen, Trommeln, Pfeifen oder Trompeten." Diese schroffen Worte des frühchristlichen Kirchenschriftstellers Klemens von Alexandria bestimmten noch zu Beginn des Mittelalters die weitgehend ablehnende Haltung der Kirche zu Musikinstrumenten. Mit der Einführung der Mehrstimmigkeit nahm jedoch auch der Widerstand gegen andere Instrumente als die Kirchenorgel ab, und die Gesänge wurden von verschiedenen Instrumenten begleitet.

Sehr populär waren im Mittelalter die Saiteninstrumente, die man entwe-

Mit einem geschwungenen Bogen streicht dieser Spielmann über sein Instrument.

Auf den Stufen einer Kirche spielen Musikanten, deren Instrumente einen kleinen Eindruck von der Vielfalt mittelalterlicher Musik geben.

Einst und heute ein würdiger Rahmen für geistliche Musik: die Markuskirche (11. Jh.) in Venedig.

neuen, variantenreicheren Musik besser gerüstet.

Zahlreiche weitverbreitete Instrumente des Mittelalters sind heute nicht mehr gebräuchlich, darunter auch der dreisaitige Rebec, ein Vorläufer der Violine. Besonders auf dem Land schätzte man die Klänge der Schalmei, einer Art Oboe mit Grifflöchern.

Fast immer, wenn bei einem Fest oder auf einem Markt Musik erklang, waren fahrende Spielleute zugegen, rechtlose Vaganten ohne festen Wohnsitz, die im Unterschied zu den geachteten ritterlichen Minnesängern von der seßhaften Bevölkerung mit Geringschätzung betrachtet wurden. Neben den vielen armen Spielleuten, die auf die Großzügigkeit der Zuhörer hoffen mußten, gab es auch solche, deren Künste man an den Höfen schätzte und die ein gutes Auskommen hatten.

der zupfte oder mit einem Bogen strich. Zu den beliebtesten Zupfinstrumenten zählten die Leier und die Harfe. Besonderer Popularität erfreute sich die Harfe in Irland, wo sie einst einen Teil des Landeswappens bildete. Anders als die Leier besaß die Harfe Saiten verschiedener Länge und war deshalb für die Erfordernisse der

Aufwendige Schnitzereien zieren diese Vorläuferin einer modernen Gitarre.

Seite aus einem Gesangbuch des 15. Jh. mit einem Loblied an die Jungfrau Maria.

GEBURTSWEHEN

Der Freude über die Geburt eines Babys folgte oft die Trauer um den jähen Tod der Mutter

oder des Kindes. Zehn und mehr Schwangerschaften waren für eine Frau keine

Seltenheit, doch viele Kinder starben schon im Säuglingsalter.

Schwangerschaft und vor allem Geburt sind von jeher mit einem besonderen Risiko für Frau und Kind verbunden. Doch während heute der medizinische Fortschritt die Gefahren immer geringer werden läßt, bedeutete eine Geburt im Mittelalter ein erhebliches Risiko für Mutter und Kind. Genaue Angaben über die durchschnittliche Kinderzahl, die Säuglingssterblichkeit und über die Zahl der Mütter, die an den Folgen einer Geburt starben, sind aufgrund fehlender zuverlässiger schriftlicher Aufzeichnungen nicht möglich. Dennoch gibt es genügend Quellen, die darauf schließen lassen, daß die Frauen im Mittelalter weitaus öfter schwanger wurden als heute. Die Frauen in der Stadt bekamen im Durchschnitt wesentlich mehr Kinder als die Landbewohnerinnen, von denen viele aufgrund der harten körperlichen Arbeit unfruchtbar waren.

Aus der Chronik der Familie Dürer geht hervor, daß die Mutter Albrecht Dürers zwischen 1468 und 1492 insgesamt 18 Kinder gebar. Nur drei von ihnen erreichten allerdings das Erwachsenenalter. In einer anderen, ebenfalls im 15. Jh. verfaßten Chronik berichtet ein Augsburger Bürger, daß von den neun Kindern seiner ersten Ehefrau nur

eines älter als zwölf Jahre wurde. Viele Kinder im Mittelalter starben schon kurz nach der Geburt an heute meist harmlosen oder durch Schutzimpfungen wirksam bekämpften Krankheiten wie Masern, Röteln, Diphterie oder Pocken. Zahlreiche Kinder fielen auch den großen mittelalterlichen Pestepidemien zum Opfer, die im 14. Jh. etwa ein Drittel der gesamten Bevölkerung Europas dahinrafften.

Ein Grund für die häufigen Schwangerschaften war sicherlich die unzureichende Kenntnis von Verhütungsmitteln, deren Gebrauch die Kirche zudem strengstens untersagte. Geschlechtsverkehr sollte nur innerhalb der Ehe und auch dort nur zum Zweck der Fortpflanzung ausgeübt werden. Die Verhütungsmittel, die trotz der Verdammung durch die Kirche angewandt wurden, dürften in den meisten Fällen ihren Zweck verfehlt haben. Man verwendete geschmolzenes Bienenwachs, Eigelb, Walnußblätter, Safran, Zwiebeln, Pfefferminz, getrocknete Wurzeln, Seetang, Gras oder auch Lumpen, um das Eindringen des männlichen Samens zu verhindern oder um ihn unfruchtbar zu machen. Die am weitesten verbreitete Form der Schwangerschaftsvorbeugung war vermutlich der Coitus interruptus, der von der Kirche als eine außergewöhnlich große Sünde verdammt wurde.

In Taschen und Körben konnten Eltern Säuglinge und Kleinkinder ständig mit sich tragen.

DER PREIS FÜR EIN LEBEN

In vielen europäischen Ländern hing die Höhe der Geldbuße für den Mord an einer Frau von ihrer Gebärfähigkeit ab. So mußte man in Frankreich 700 Livres bezahlen, wenn man eine Schwangere tötete; die Strafe für die Ermordung einer jungen Frau betrug 200 Livres, und wer eine alte Frau umbrachte, kam mit einer Geldstrafe von nur 100 Livres davon.

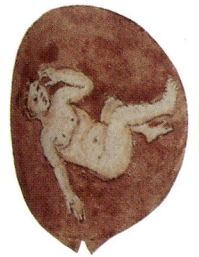

Diese Illustration aus einer Handschrift des 15. Jh. zeigt, wie man sich mögliche Lagen des Fötus in der Gebärmutter vorstellte.

KLUGE RATSCHLÄGE

Geburtshilfe im Mittelalter war ausschließlich Frauensache, und Männern drohten strengste Strafen, falls sie der Teilnahme an einer Geburt überführt werden konnten. Selbst Ärzte betraf dieses Verbot, und noch zu Beginn des 16. Jh. hat man in Hamburg einen Arzt zum Tod verurteilt, weil er sich als Hebamme verkleidet hatte. Die meisten Männer teilten die Auffassung, die ein italienischer Schriftsteller über die Geburt äußerte: „Da sich die Frau um diese Sache zu kümmern hat, besteht kein Grund, sie ausführlich zu studieren." Es gab jedoch auch aufgeklärtere Ansichten, und schon im 13. Jh. liest man in einem Gesundheitsbuch des Italieners Arnaldus von Villanova Ratschläge für Geburtshelferinnen. Wenn das Baby nicht mit dem Kopf nach unten lag, sollte es mit der Hand in diese Stellung gebracht werden. Nach der Geburt galt es Sorge dafür zu tragen, daß die äußeren Verhältnisse während der ersten Lebensstunden des Kindes soweit wie möglich an die Bedingungen im Mutterleib ange-

Praktische Geburtshilfe im Mittelalter oblag den Frauen – Ärzte waren bei der Entbindung nicht zugegen.

paßt sind; Villanova empfiehlt gedämpftes Licht, Stille und weiche Decken.

Eine Vielzahl von Ratschlägen findet sich in einem Buch zur Geburtshilfe, das im 15. Jh. in Deutschland erschien. Den Geburtshelferinnen wird empfohlen, der werdenden Mutter im Rhythmus der Wehen den Bauch zu drücken. Zur weiteren Beschleunigung des Geburtsvorgangs soll die Frau zum Niesen veranlaßt werden. Auch die vermeintlich beste Geburtsposition – halb stehend, halb liegend, mit zurückgeneigtem Haupt – und ein spezieller Gebärstuhl werden in dem Buch erwähnt. Den ersten Wochen nach der Entbindung gilt die besondere Aufmerksamkeit; vorgeschlagen wird u. a. die Einhaltung einer bestimmten Diät.

Umfangreiche Ratschläge für den Umgang mit Kindern nach der Geburt finden sich außerdem in einer 1429 veröffentlichten Gesundheitslehre, die ein deutscher Priester in Versen verfaßt hat. Das Neugeborene soll täglich in lauwarmem Wasser gebadet, mit Öl gesalbt und massiert werden. In einem größeren Abschnitt wird beschrieben, wie man die Kinder wickeln soll. Der richtigen Formung der Körperglieder durch das Wickeln widmen sich auch andere Verfasser mittelalterlicher Schriften zur Kinderpflege. So heißt es in einem italienischen Gesundheitsbuch, daß die Ohren des Säuglings „sofort angedrückt und geformt werden müssen" und daß die „Glieder mit einem Wickelband gebunden" werden sollen. Fast überall in Europa wickelte man die Kinder sehr fest, weil man befürchtete, sie könnten ansonsten verwachsen. In Wales und Irland hingegen scheint man den Wuchs der Kinder einem anonymen Autor zufolge der „erbarmungslosen Natur" überlassen zu haben. Der unbekannte Verfasser beschreibt im 13. Jh. kritisch die walisische und irische Tradition: „Man legt sie weder in Wiegen, noch wickelt man sie. Außerdem hilft man ihren zarten Gliedern nicht, indem man sie häufig badet oder sie anderweitig nützlich formt … Die Natur kann die Glieder, die sie hervorgebracht hat, völlig ohne menschliche Hilfe nach eigenem Gutdünken anordnen oder richten."

HEBAMMEN

Fast während des gesamten Mittelalters lag die Geburtshilfe in den Händen erfahrener, jedoch nicht speziell ausgebildeter Helferinnen. Erst seit dem Ende des 14. Jh. entwickelte sich der Hebammenberuf, und viele Städte stellten festbezahlte Geburtshelferinnen an. Wurden die Hebammen nicht von der Stadt entlohnt, bekamen sie Geld oder Sachleistungen vom Vater der Kinder – dies führte zu einer Bevorzugung wohlhabender Familien. Hebammenordnungen, auf welche die Geburtshelferinnen vereidigt wurden, versuchten daher, die Betreuung armer Frauen sicherzustellen.

Zu den Aufgaben der Hebammen gehörte die Nottaufe; falls das Baby während der Geburt zu sterben drohte, mußten sie eine Tauformel sprechen, um das Kind von der Ursünde zu erlösen. Das Kirchengesetz verlangte, daß ein ungetaufter Säugling außerhalb des Friedhofs begraben wurde.

Viele Männer beobachteten die Tätigkeit der Hebammen mit Mißtrauen, oft warf man ihnen vor, den Tod eines Kindes oder der Mutter bewußt herbeizuführen, und nicht wenige Hebammen standen im Verdacht der Hexerei.

WIE ES DAMALS WAR

PFLICHTEN EINER AMME

Viele adlige Frauen und reiche Bürgerinnen stillten ihre Kinder nicht selbst, sondern beschäftigten in ihrem Haus eine Amme. Oft gab man das Baby auch zu einer Frau in einem nahe gelegenen Dorf, so daß die Kinder ihre ersten Lebensjahre in einem fremden Haushalt aufwuchsen.

Die Ammen sollten durch das Meiden bestimmter Nahrungsmittel die Güte ihrer Milch verbessern. In Gesundheitsbüchern wurde insbesondere der Verzicht auf salzige, saure und scharfe Speisen empfohlen, vor allem jedoch warnte man vor Knoblauch. Um das Kind nach etwa zwei Jahren zu entwöhnen, sollten die Ammen ihre Brust mit einer bitteren, aus Kräutern hergestellten Flüssigkeit einreiben. An Stelle der Milch erhielten die Kinder von einer Dorfamme jetzt Brot, das in Milch aufgeweicht wurde. Für die Kinder von reichen Eltern gab es zartes Fleisch, das die Amme vorkaute, solange die Kinder keine Zähne hatten.

Neben dem Stillen hatten die Ammen noch zahlreiche andere Pflichten. Sie mußten ihre Zöglinge in den Schlaf wiegen, sie baden, einölen, massieren und wickeln. Zu den Aufgaben einer Amme gehörte es auch, die Kinder durch das ständige Wiederholen von Wörtern sprechen zu lehren.

Neben einem fremden Baby mußten die Ammen ihre eigenen Kinder betreuen.

Ein Taufbecken aus dem 15. Jh. zieht in der Kirche der ostenglischen Stadt Sudbury die Blicke auf sich. Oben rechts sieht man einen Bischof, der ein Kind in Gegenwart der Eltern, Geschwister und Paten tauft.

KINDHEIT UND JUGEND

Ob in adligen, bürgerlichen oder Bauernfamilien – nach einigen unbeschwerten Kindheitsjahren

erfolgte fast unvermittelt der Übergang in das rauhe Erwachsenendasein.

Schon in jungen Jahren verließen viele Kinder das Elternhaus.

Der Ernst des Lebens begann für die Kinder im Mittelalter wesentlich früher als heute. Bauernkinder mußten schon in jungen Jahren im Haus und auf dem Feld helfen und dadurch zum Lebensunterhalt der Familie beitragen. Aber auch die Kinder von Stadtbürgern begannen schon früh eine Ausbildung, und die Söhne und Töchter von Adligen wurden bereits in zartem Alter an die Welt der Erwachsenen herangeführt.

Die ersten Lebensjahre der Kinder gehörten jedoch auch im Mittelalter dem Spiel, und Spielzeug sowie Spiele von damals sind – teilweise leicht abgewandelt – auch heute noch beliebt. Die ersten Kinderspielzeuge waren Klappern und Rasseln aus Nüssen, Steinen oder Ton, die in unterschiedlichsten Formen seit der Antike bekannt waren. Auf zahlreichen mittelalterlichen

Der Wolf und das Lamm **zählt zu den Fabeln Äsops, die schon im Mittelalter viele Kinder erfreuten (Illustration aus dem 15. Jh.).**

Illustrationen sieht man Kleinkinder, die ein Windrädchen in der Hand halten. Später spielten kleine Mädchen gern mit Puppen, die sie wie Babys wickelten und fütterten, und Jungen ritten voller Begeisterung auf hölzernen Steckenpferden. Weit verbreitet waren auch Sprungseile, Papierdrachen, Bälle aus den verschiedensten Materialien, Reifen, Holzkarren mit Rädern und kleine Holzboote.

Eines der beliebtesten Spielzeuge war der Kreisel, der mit einer Peitsche angetrieben wurde. Zu den Spielen aus dem Mittelalter, die bis heute nicht in Vergessenheit geraten sind, zählen u. a. Stelzenlaufen, Bockspringen und das Spielen mit Murmeln, für das Nüsse oder kleine Steine verwendet wurden. Schon im Mittelalter kannte man ein Spiel, das vielen Kindern noch immer als Plumpsack oder Faules Ei bekannt ist.

Fast schon ein echter Ritter: Mit einer Lanze zielt dieser Junge auf ein Hufeisen.

Vor allem in England entwickelten die Jungen schon früh eine Vorliebe für blutige Hahnenkämpfe.

Bereits im Mittelalter verfolgten die Kinder mit großer Begeisterung Aufführungen in einfachen Puppentheatern.

Die Welt der Ritter faszinierte viele Jungen, und mit zahlreichen Kampfspielen versuchten sie ihre erwachsenen Vorbilder nachzuahmen.

Auf dem Rücken ihrer „Pferde" sitzend, kämpfen zwei Jungen um die Lufthoheit.

Tierquälerei: Eine Gruppe von Jungen „spielt" mit einem Vogel.

Dabei bilden sitzende Kinder einen Kreis, während ein stehender Mitspieler versucht, hinter dem Rücken eines Kindes unbemerkt ein kleines, mit Erbsen gefülltes Säckchen abzulegen. Dieses Kind muß nun so schnell wie möglich aufspringen und den davonlaufenden Mitspieler einholen, bevor er eine volle Runde geschafft hat.

Äußerst beliebt waren auch Abzählreime aller Art sowie unzählige Geschicklichkeits- und Fangspiele. Schon vor dem Mittelalter spielte man Hüpfspiele, die in den unterschiedlichsten Varianten noch heute vielen Kindern Freude bereiten. Auf einem Bein stehend, mußte man von einem vorgezeichneten Feld zum nächsten springen, bis man das Zielfeld, den „Himmel" oder das „Paradies", erreichte.

Viele Kinder beschäftigten sich voller Begeisterung mit Tieren, darunter kleinen Katzen und Hunden, aber auch Vögeln, die man mit einer Schnur fesselte und mit den Flügeln schlagen ließ. Vor allem in England erfreuten sich die Jungen an blutigen Hahnenkämpfen, einem traditionellen Fastnachtsvergnügen, das aber nicht auf diese Tage beschränkt war.

Wie zu allen Zeiten dienten viele Spiele der Nachahmung der Erwachsenen: Mädchen, aber auch Jungen hantierten mit Kochgeschirr, einfache Stöcke wurden in der Phantasie der Bauernkinder zu Pflügen, und adlige Jungen träumten von der Welt der Ritter, wenn sie mit Pfeil und Bogen spielten. Kinder von Adligen erhielten Waffen wie Lanzen oder Armbrüste geschenkt, mit denen sie die Kampfspiele der Ritterturniere imitierten, aber auch tatsächliche Kampfhandlungen nachahmten. Eine kleine Erhebung wurde zum Burghügel erklärt, den es mit allen Mitteln zu verteidigen galt. Stöcke oder Spielkameraden dienten als „Pferde", und hoch zu Roß ritt man gegen den Feind an, der mit Holzschwertern die Phantasieburg zu schützen versuchte. Kleinere Kinder bauten Burgen aus Sand oder Erde und ließen Ritterheere aus Ton verlustreiche Schlachten schlagen.

Zu den größten Attraktionen zählten Aufführungen von Marionettentheatern, die für die Jungen und Mädchen die unbestrittenen Höhepunkte der Jahrmärkte waren. Überaus beliebt waren auch Masken, die bei bestimmten Festen von den Kindern getragen wurden – ein Vergnügen, das sie nicht nur zur Fastnachtszeit mit vielen Erwachsenen teilten. In Nürnberg wurde Männern und Frauen im 15. Jh. sogar das Verkleiden verboten – vermutlich hatten vermummte Spaßvögel ihren Mitmenschen manch üblen Streich gespielt. Ebenfalls von Erwachsenen wie Kindern gleichermaßen geschätzt wurden Würfelspiele, bei denen es häufig um Geld ging. Wie aus mittelalterlichen Polizeiverordnungen hervorgeht, scheinen erwachsene Betrüger ihre Opfer gern unter Kindern und Jugendlichen gesucht zu haben.

Vogeljagd: Singvögel zählten im Mittelalter zu den beliebtesten Haustieren.

HARTE STRAFEN

Erwachsene, die Kinder zum Spielen um Geld verführten und sie betrogen, wurden streng bestraft, aber auch die Delikte der Kinder hat man im Mittelalter unnachsichtig geahndet. Bis zum Alter von sechs Jahren gingen sie zwar straffrei aus – abgesehen von den Züchtigungen durch die Eltern oder den Vormund –, aber danach drohten ihnen aus heutiger Sicht teilweise grausame Strafen, wenn sie eines Vergehens überführt wurden. So war es nicht ungewöhnlich, wenn die Kinder Gertenschläge erhielten, und es kam auch vor, daß man einem kleinen Dieb das Ohr abschnitt. In der Regel erhielten allerdings Kinder bis zu einem bestimmten Alter geringere Strafen als Erwachsene.

DER ERNST DES LEBENS

Während der ersten sechs Lebensjahre konnten die meisten Kinder ihren Vergnügungen nachgehen, besondere Pflichten hatten sie nicht zu erfüllen. Mit dem siebten Lebensjahr endete jedoch für fast alle diese unbeschwerte Zeit. Bauernmädchen lernten weben, spinnen und kochen, und ihre Brüder halfen bei der harten Feldarbeit. Sie gingen dem Vater bei der Ernte zur Hand, hüteten das Vieh und versorgten die Tiere im Stall.

Während Bauernkinder weiterhin in der Obhut ihrer Eltern blieben, verließen viele Kinder von Adligen mit sieben Jahren das Elternhaus. Zahlreiche Adlige schickten ihre Kinder in ein Kloster. Dort besuchten sie die Schule, um sich auf ein geistliches oder weltliches Amt vorzu-

Kinder spielen Schule: Der „Lehrer" hält einen großen Stock in der Hand, der an einen überdimensionalen Kochlöffel erinnert.

bereiten. Nicht wenige sollten jedoch nach dem Willen ihrer Eltern Mönche werden, damit der Familienbesitz nicht durch die Aufteilung unter zu vielen Söhnen zerstückelt wurde. Vergleichbare Überlegungen konnten Eltern dazu veranlassen, ihre Töchter den Nonnen anzuvertrauen. Verbrachten sie das Leben in einem Kloster, blieben sie ledig und benötigten daher keine Mitgift. Die Mädchen, die schon sehr jung verheiratet wurden, zogen entweder sofort in das Haus ihres Mannes oder in das seiner Familie, falls der Bräutigam ebenfalls noch ein Kind war. Einige verbrachten allerdings auch noch ein paar Jahre bei ihren Eltern, doch in allen Fällen wurden sie nur von Erziehern auf ihre neuen Aufgaben vorbereitet.

Die jungen Adligen, die nicht ins Kloster gingen, traten in den Dienst eines Burgherrn, wo sie sich zum Knappen ausbilden ließen, um später einmal in den Ritterstand einzutreten. Sie erlernten den Umgang mit Pferden und Waffen und wurden mit der Falkenjagd vertraut gemacht. Da ein Ritter nicht nur tapfer, sondern auch gebildet sein sollte, umfaßte die Ausbildung auch das Studium der sieben „freien Künste", der Arithmetik, Geometrie, Astronomie, Musik, Dialektik, Grammatik und Rhetorik. Etiketteunterricht sollte dafür sorgen, daß der zukünftige Ritter nicht durch ungehobeltes Benehmen die Ehre seines Standes befleckte. „Kratze dich nicht am Kopf oder Rücken, als ob du einen Floh fangen wolltest, würge nicht, spucke nicht zu weit und lache und spreche nicht zu laut. Hüte dich davor, Grimassen zu ziehen oder ärgerlich die Stirn zu runzeln. Und laß keine Lügen über deine Lippen kommen. Lecke deine Lippen nicht und sabbere nicht,

lecke keine Schüsseln mit der Suppe nach Resten aus." Diese guten Ratschläge aus einem englischen Anstandsbuch bewirkten allerdings nur wenig, da die Ritter selbst ständig gegen sie verstießen.

SCHUL- UND LEHRJAHRE

Während Bauernkinder meist keine schulische Ausbildung genossen und Söhne und Töchter von Adligen entweder von Privatlehrern oder in Klosterschulen unterrichtet wurden, besuchten viele Kinder von Stadtbewohnern die Elementarschulen, die besonders in den großen Städten neben die Lateinschulen traten. Obwohl es noch keine allgemeine Schulpflicht gab, schickten viele Eltern ihre Kinder mit sieben Jahren oder sogar schon früher in eine der immer zahlreicher werdenden Ausbildungsstätten. In den Lateinschulen beherrschte neben dem Lateinstudium die Lektüre der Bibel den Lehrplan.

Kein Genuß ohne Reue: Die Strafe für diesen jungen Dieb folgt auf dem Fuß.

Die Schüler mußten Bibelverse, Gebete und Lieder auswendig lernen, Diskussionen über biblische Inhalte gab es nicht. In den Lateinschulen durfte nur Latein gesprochen werden, und wer sich mit dem Nachbarn in seiner Muttersprache unterhielt, wurde bestraft.

Die Lehrinhalte in den Elementarschulen stimmten teilweise mit denen der geistlichen Schulen überein, darüber hinaus wurden aber auch Kenntnisse der Muttersprache vermittelt und besonderer Wert auf das Rechnen gelegt. Vor allem die Söhne von Kaufleuten und Handwerkern drückten in den Elementarschulen die harte Schulbank, bevor sie eine Lehre begannen.

Schüler unterschiedlichsten Alters saßen in einem Klassenraum zusammen, und der Lehrer mußte sich abwechselnd um die verschiedenen Gruppen kümmern. Die Eltern der Kinder entrichteten Schulgeld, es war aber ebenfalls üblich, den Lehrer mit Naturalien zu bezahlen. Auch die Kerzen für die Beleuchtung der Räume und Brennholz zum Heizen der Klassenzimmer stellten die Eltern zur Verfügung. Die Kinder mittelloser Eltern waren jedoch nicht grundsätzlich vom Schulbesuch ausgeschlossen. In vielen Schulordnungen wird darauf hingewiesen, daß in bestimmten Fällen das Schulgeld gekürzt oder sogar ganz erlassen werden kann.

Links: eine Schule in Florenz. Viele Lehrer straften Schüler mit Schlägen auf das Gesäß (oben).

Ein jüdischer Lehrer unterweist einen Schüler in den biblischen Gesetzen (hebräisches Manuskript, 15. Jh.).

DER ZAHN DER ZEIT

Mit der Erfindung der mechanischen Uhr im 13. Jh. begann
für die Menschen des Mittelalters ein neues „Zeit"alter.

Ebenso wie heute teilte man auch im Mittelalter den Tag in zwei Abschnitte von je zwölf Stunden. Die beiden Zeitabschnitte begannen jedoch nicht um zwölf Uhr mittags und um Mitternacht, sondern bei Sonnenaufgang und bei Sonnenuntergang. Dies hatte zur Folge, daß im Winter die Nachtstunden wesentlich länger als die Tagstunden waren, während im Sommer eine Tagstunde mehr als 60 Minuten hatte.

Die Zeitmessung erfolgte bis zum 13. Jh. mit Hilfe von Wasser- und Sonnenuhren sowie Kerzen und anderen Hilfsmitteln. Die Wasseruhr, die schon im alten Ägypten bekannt war, hatte neben ihrer Ungenauigkeit den Nachteil, daß im Winter das Wasser gefrieren konnte. Sie wurde daher hauptsächlich südlich der Alpen benutzt. Schon im 10. Jh. gab es tragbare Sonnenuhren, die im Lauf des Mittelalters weiter verbessert wurden. Seit dem 14. Jh. benutzte man in Europa auch Sanduhren, die jedoch den Nachteil hatten, daß sie sehr oft umgedreht werden mußten. Häufig verwendet wurden sie von Seeleuten (Kolumbus soll mehr als 100 Sanduhren auf seine große Entdeckungsfahrt mitgenommen haben) und von Geistlichen, die mit ihrer Hilfe die Länge einer Predigt maßen. Weitere Möglichkeiten der Zeitmessung waren die Beobachtung der Brenndauer von Öl in einem Lämpchen und das Abbrennen von Kerzen gleicher Länge. Da der Kerzentalg nicht immer die gleiche Qualität hatte, war jedoch auch diese Methode wenig zuverlässig.

Mit der Zunahme des Handels gewann die Zeit im Geschäftsleben immer mehr an Bedeutung, und die Kaufleute waren auf genauere Möglichkeiten der Zeitmessung angewiesen, wenn sie ihre Geschäfte termingerecht abwickeln wollten. Tatsächlich gab es schon um die Mitte des 13. Jh. Versuche, eine mechanische Uhr zu entwickeln; in den Aufzeichnungen des berühmten französischen Architekten Villard de Honnecourt findet sich eine um das

In Stein gemeißelt: Reichverzierte Sonnenuhren an den Wänden markanter Gebäude waren die Vorläufer der mechanischen Turmuhren.

Jahr 1250 entstandene Zeichnung einer Uhr mit Gewichten. Die ersten Räderuhren, die Ende des 13. oder Anfang des 14. Jh. entstanden, waren noch sehr ungenau und zeigten die Zeit nur mit einem Stundenzeiger an. Mitte des 14. Jh. konnten mit Hilfe mechanischer Uhren Stunden von gleicher Länge gemessen werden. Großen Anteil daran hatten italienische Forscher. Ein Meisterwerk der Uhrmachertechnik war eine astronomische Uhr, die der Italiener Giovanni di Dondi mit seinem Vater schuf. Die Uhr hatte ein Zifferblatt, das sich gegen den Uhrzeigersinn drehte und viele astronomische Funktionen hatte. Ein französischer Zeitgenosse von di Dondi schrieb, daß die Uhr so wunderbar sei, „daß würdevolle

Diese Zeichnung zeigt die Funktionsweise der astronomischen Uhr, die Giovanni di Dondi Mitte des 14. Jh. gemeinsam mit seinem Vater konstruierte.

Tragbare Sonnenuhr aus dem 10. Jh.: im Mittelalter eine übliche, aber unzuverlässige Form der Zeitmessung.

Göttliche Kräfte regeln den Lauf der Zeit (oben). Astronomische Uhr am Markusplatz in Venedig (rechts).

Astronomen von weit her kommen, um sie mit großer Ehrfurcht anzusehen". Giovanni di Dondis Uhr war jedoch nicht die erste mit einer genauen Stundenmessung. Schon im Jahr 1335 zeigte die Uhr der Kirche San Gottardo in Mailand Stunden an, die jeweils 60 Minuten umfaßten. Laut einem Chro-

Im 14. Jh. gab es die ersten Uhren, die Stunden gleicher Länge anzeigten. Die Gewichte dieser Räderuhr setzen einen Klöppel in Bewegung, der stündlich auf eine Metallkugel schlägt.

nisten war sie „eine herrliche Uhr, welche die erste Nachtstunde durch einmaliges Schlagen anzeigt und nach Ablauf der zweiten Stunde zweimal schlägt ... und so eine Stunde von der anderen unterscheidet, was für Menschen jeden Ranges von größtem Nutzen ist".

Die neuen Entwicklungen führten zu einem Aufschwung des Uhrmachergewerbes, das anfänglich noch nicht von Spezialisten, sondern von Schmieden oder Schlossern betrieben wurde. Doch gab es auch Fachleute, die von Stadt zu Stadt wanderten und ihre Dienste anboten.

Im 15. Jh. führte die Erfindung des Federzugantriebs zur schnellen Verbreitung von Uhren im häuslichen Bereich. In den großen Städten gab es mehrere Uhrmacherwerkstätten, in denen auf Vorrat produziert wurde. Uhrmacher aus Deutschland waren gesuchte Spezialisten, die auch im Ausland einen hervorragenden Ruf genossen.

Lehrer verlangten von Schülern ehrerbietiges Verhalten (oben). Ein auffällig gekleideter Schüler kommt zu spät zum Unterricht (rechts).

Die Lehrer besaßen das Recht, die Schüler zu schlagen, und sie machten davon ausgiebig Gebrauch. Einige Schulordnungen ermahnen die Lehrer zwar, die Schüler nicht zu grob zu behandeln, doch gibt es viele schriftliche Erinnerungen ehemaliger Schüler, in denen von unablässigen Züchtigungen die Rede ist. Die Schläge wurden meist mit einer Rute und nicht selten auf das nackte Gesäß verabreicht. Auf zahllosen mittelalterlichen Miniaturen sind Lehrer dargestellt, die eine Rute drohend erheben oder gerade einen Schüler mit ihr bestrafen.

BITTERE LEHRJAHRE

Viele Schüler begannen nach der Schule eine Lehrlingsausbildung; Voraussetzung dafür war der vorhergehende Schulbesuch allerdings nicht. Aber viele Meister verlangten zumindest im Hochmittelalter von ihren Lehrlingen den Nachweis, daß sie „ehrlich", also ehelich geboren waren. Das Eintrittsalter der Lehrlinge, die damals Lehrknechte genannt wurden, war in den verschiedenen Zünften sehr unterschiedlich. Meist lag es zwischen zehn und 16 Jahren, doch sind aus dem 14. Jh. Zunftbestimmungen bekannt, die auch älteren Lehrlingen den Beginn einer Ausbildung ermöglichten.

Die Eltern der Lehrlinge zahlten dem Meister zu Beginn der Ausbildung das Lehrgeld und der Frau des Lehrherrn das sogenannte Nadelgeld. Dafür verpflichtete sich der Meister, den Lehrling auszubilden, ihn in seinem Haus aufzunehmen, ihn zu verköstigen und für die Instandhaltung der Kleidung Sorge zu tragen. Die Zeit der Ausbildung, die je nach Zunft und Gegend schwankte und teilweise sieben, und in Ausnahmefällen sogar mehr Jahre betrug, war für viele Lehrlinge eine Leidenszeit. Die Meister hatten das Recht, sie zu schlagen, wobei als einzige Einschränkung galt, daß ihnen keine Wunden zugefügt werden durften. In einer Verordnung aus dem 14. Jh. wurde ausdrücklich darauf hingewiesen, daß ein Meister, der seinen Lehrling erschlägt, die Todesstrafe zu gegenwärtigen hat – offensichtlich war es eine traurige Notwendigkeit, die jungen Männer vor den brutalen Übergriffen der Meister zu schützen.

Viele Lehrlinge lebten in winzigen Kämmerchen und wurden nur sehr schlecht verpflegt. So ersehnten die meisten von ihnen die Erhebung in den Gesellenstand, denn dann begann die Zeit der Wanderschaft, die der Vertiefung der erworbenen Kenntnisse diente.

Heim und Herd

Zuwenig frische Luft, kaum Tageslicht, das Fehlen jeglichen Komforts und vor allem

der völlige Mangel an privaten Rückzugsmöglichkeiten – so präsentierten sich die

meisten Wohnungen des Mittelalters. Ruhe und Muße in persönlicher

Abgeschiedenheit waren fast unmöglich. Die Wohlhabenden teilten

ihre Häuser mit Dienern, Schreibern und Gefolgsleuten, die Armen ihre

bescheidenen Behausungen mit Schweinen, Kühen und Hühnern.

In Burg, Haus und Hof

Große Gegensätze prägten die Wohnverhältnisse des Mittelalters: Während Adlige

und reiche Bürger ihre Herrensitze und Stadthäuser zur Demonstration von Macht und

Wohlstand nutzten, lebte ein Großteil der übrigen Bevölkerung in äußerstem Elend.

Im Mittelalter errichteten die Menschen ihre Häuser mit Materialien, die sie unweit ihres Wohnortes vorfanden. Die wichtigsten dieser Baustoffe waren von jeher Holz und Stein. Im Lauf der Jahrhunderte errang der Steinbau eine Vorrangstellung gegenüber dem Holzbau, doch gab es zahlreiche regionale Besonderheiten. So überwog im Norden Europas mit seinen dichten Wäldern am Ausgang des Mittelalters noch die Holzbauweise, die zu dieser Zeit in ganz Europa auch auf dem Land bevorzugt wurde. In den Städten jedoch hatte sich in vielen Ländern bis zum Ende des 15. Jh. der Steinbau durchgesetzt – oft gingen ein großer Brand und die weitgehende Zerstörung der Holzhäuser dem Wiederaufbau unter Verwendung von Natursteinen voraus.

Wesentlich früher als bei den übrigen Profanbauten setzte die Entwicklung vom Holz- zum Steinbau bei den Schlössern und Burgen ein – hier stand die Wehrhaftigkeit im Vordergrund. Ungeachtet aller Unterschiede zwischen den verschiedenen Gebäudetypen des Mittelalters hatten die meisten Schlösser, Burgen, Stadthäuser oder Bauernhöfe eines gemeinsam: Sie waren dunkel, feuchtkalt und stanken nach Rauch. Auch der Mangel an Privatsphäre war ein Merkmal, das die Mehrzahl der mittelalterlichen Wohnbauten kennzeichnete. In den kleinen Häusern und Hütten der einfachen Bauern und Stadtbürger lebten mehrere Generationen auf engstem Raum; Ehepaare schliefen in derselben Kammer wie ihre Kinder. Doch auch wohlhabende Adlige waren in ihren Herrensitzen fast nie allein: Dienstboten folgten ihnen auf Schritt und Tritt und nahmen ihnen alle nur erdenklichen Verrichtungen ab – der Gewinn an Bequemlichkeit bedeutete zugleich einen Verlust an Privatleben.

Vom Pagen zum Ritter

Das mittelalterliche Rittertum erlangt seine größte Bedeutung im 12./13. Jh., als die Staufer auf dem Höhepunkt ihrer Macht sind. Ursprünglich nur einfache Kriegsleute zu Pferd, verkörpern die Ritter zu dieser Zeit Standestugenden wie Selbstbescheidung, Beständigkeit und Milde.

Zu den herausragenden Pflichten der Ritter zählt neben dem Kampf für das Christentum in den Kreuzzügen der Schutz der Kirche und der Schwachen.

Voraussetzung für die Aufnahme in den Stand der Ritter ist der Dienst als Page auf der Burg eines Lehnsherrn. Nach sieben Jahren erfolgt im 14. Lebensjahr die Ernennung zum Knappen. Aufgabe der Knappen, die durch zahlreiche Reit- und Waffenübungen geschult werden, ist es, einen Ritter bei seinen vielfältigen Aufgaben zu unterstützen.

Am Schluß jeder Ausbildung steht die Schwertleite, die feierliche Umgürtung mit dem Schwert.

Die Zeremonie umfaßt als festen Bestandteil die anschließende Segnung des Schwertes in der Kirche. Ein typischer Segensspruch lautet: „Herr, mache dieses Schwert Deiner wert, damit es zum Schutz von Kirchen, Witwen, Waisen und allen, die Gott dienen, gegen die Wildheit der Heiden helfen kann." An die Stelle der Schwertleite tritt schließlich im Lauf des 14. Jh. der Ritterschlag.

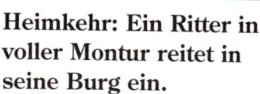

Heimkehr: Ein Ritter in voller Montur reitet in seine Burg ein.

Mit einem festlichen, von Musikanten begleiteten Bankett verwöhnt eine burgundische Adlige ihre Gäste.

LEBEN IN DER BURG

Das Mittelalter war nicht nur ein Zeitalter der Kirchen und Kathedralen, sondern vor allem auch eines der Burgen und Schlösser. An die Stelle der frühgeschichtlichen Fliehburgen, die nur zu Verteidigungszwecken dienten, waren nach und nach mächtige Wehrbauten getreten, die auch als Wohnburgen genutzt wurden. Ungeachtet einiger Gemeinsamkeiten, die ihren Ursprung in der Wehrfunktion aller Burgen hatten, gab es in den einzelnen Ländern unterschiedliche Burgtypen. Während in Frankreich und England Anlagen mit regelmäßigem, rechteckigen Grundriß dominierten, kennzeichnet ein mächtiger, alles überragender Bergfried die meisten deutschen Burgen. In

diesem trutzigen Turm lagerte der Burgherr die Vorräte und bewahrte seine Besitztümer auf. Das Erdgeschoß beherbergte die ihm untergebenen Krieger, darunter lag der Keller, und noch tiefer befand sich ein feuchtkalter Kerker. Falls der Bergfried ausreichend Platz bot, wurde er auch vom Besitzer der Burg bewohnt. Waren die Räumlichkeiten zu klein, hatte er seinen Wohnsitz im Palas, einem großen Gebäude, das durch eine Holzbrücke mit dem Bergfried verbunden war. Wohlhabende Adlige ließen einen ganzen Stock des Palas zu einem großen Saal ausbauen, der Repräsentationszwecken diente. Der großzügige, mit Wandteppichen geschmückte Raum blieb meist den Männern vorbehalten, hier fanden Empfänge statt und wurden festliche Bankette ausgerichtet. Eine Verbindung zum Palas besaß auch die Kemenate, oft der einzige Raum, der beheizt werden konnte. In den übrigen Räumlichkeiten herrschte im Winter eisige Kälte. In manchen Gegenden bezeichnete man auch das Schlafgemach des Burgherrn als Kemenate. Die Schlafräume waren einfach ausgestattet: ein Bett, manchmal ein Teppich auf dem Boden, seltener einmal Malereien an den Wänden. Als einzige Schlafzimmermöbel außer dem Bett dienten große Truhen.

Da viele Ritter Landwirtschaft betrieben, gehörten oft auch Viehställe zur Burg. Den Unterhalt sicherte darüber hinaus die Fronarbeit der Bauern, die dem Burgherrn gegenüber abgabepflichtig waren. Die Oberaufsicht über die verpachteten Ländereien oblag einem Verwalter, der auch die täglichen Arbeiten auf der Burg überwachte.

Die Frauen, die während der manchmal langjährigen Abwesenheit ihrer Männer ein einsames Leben führten, kümmerten sich um den Haushalt: Sie wiesen die Mägde, Näherinnen und Köchinnen an. Gab es nicht genug Personal, so legten sie auch selbst Hand an. Wenn die Ritter länger abwesend waren, übernahmen sie die Aufgaben des Burgherrn und erwiesen sich dabei oft als mindestens ebenso fähig wie dieser.

Während auf den kleinen Burgen mit wenig umliegendem Besitz hin und wieder auch der Burgherr selbst die Aufgaben eines Verwalters übernahm, gab es auf großen Herrensitzen oder auf den Schloßburgen der Landesfürsten meist zwei Verwalter: Einer kümmerte sich um die Ländereien, der andere leitete die Knechte und das übrige Dienstpersonal an. An den großen Höfen umfaßte der Hofstaat mehrere hundert Personen, darunter neben den Hof- und Gutsverwaltern und einer

Mächtige Türme schützten die Burg des Herzogs von Berry (1340–1416) im westfranzösischen Saumur.

BELEUCHTUNG IM MITTELALTER

Die Häuser des Mittelalters besaßen im Vergleich zu heute nur wenige und kleine Fensteröffnungen. Diese waren zum Schutz vor Wind und Kälte (in den meisten Häusern konnte nur ein Raum beheizt werden) mit geölten Leinwandtüchern oder Tierhäuten zugehängt, so daß fast kein Tageslicht in die Wohnungen drang. Glasfenster gab es selbst im 15. Jh. fast nur in Kirchen.

Im frühen Mittelalter war neben dem offenen Herdfeuer die Fackel die bevorzugte künstliche Lichtquelle. Sie bestand aus Kienspänen, die mit Werg umwickelt und mit Harz getränkt wurden. Diese Form der Beleuchtung war zwar recht billig, hatte jedoch den Nachteil, daß sich der beißende Rauch in den Räumen festsetzte und es daher fürchterlich stank. Später benutzte man deswegen häufiger Wachs- und Talgkerzen. Verbreitet waren auch Lampen, die man mit Öl aus Waldfrüchten oder mit Tran speiste.

Der Fülle der verschiedenen Lichtquellen entsprach eine

Kaminfeuer, Hänge-, Stand- und Tischleuchter zählten zu den vielfältigen Beleuchtungsformen des Mittelalters. Links sieht man Kerzenhalter und Laternen aus dem 14. Jh.

beeindruckende Vielfalt von Lampenformen und Kerzenhaltern. Wer es sich leisten konnte, erhellte die größten Räume seines Hauses mit eisernen Hängeleuchtern.

Vielzahl von Rittern und Knappen auch Schmiede, Zimmerleute, Metzger, Köche, Bäcker und weitere Handwerker.

IM STADTHAUS

Viele Stadthäuser des frühen Mittelalters besaßen aufgrund der Auseinandersetzungen, in die zahlreiche Städte häufig verstrickt waren, einige Gemeinsamkeiten mit Wehrbauten. So fehlten in den Untergeschossen der steinernen Kaufmannshäuser häufig Fensteröffnungen, und vor allem in einigen italienischen Städten zählten Wohntürme mit abweisenden Mauern zu den typischen Hausformen. Die Mehrzahl der mittelalterlichen Stadthäuser in Deutschland hatte ihr Vorbild in Haustypen, wie sie auch auf dem Land verbreitet waren. In vielen Häusern wurde Vieh gehalten – eine Tradition, die jedoch besonders in den bedeutenden Handelsstädten mit dem wirtschaftlichen Aufschwung nach und nach in Vergessenheit geriet. Während im Süden Deutschlands Stall und Wohnhaus oft voneinander getrennt standen, ähnelten viele Stadthäuser im Norden dem niederdeutschen Hallenhaus. Mensch und Vieh lebten dort unter einem

WEHRHAFTE BURGEN

Die mittelalterlichen Burgen liegen oft auf einem Bergsporn, von dem aus sie die umliegende Hochfläche beherrschen. Als Tiefburgen sind sie meist von einem Wassergraben umgeben, der ein erstes Hindernis für Angreifer bildet. Hinter der Zugbrücke, die häufig von zwei kleinen Türmen flankiert wird, erhebt sich das mächtige Torhaus, von dessen mit Zinnen bewehrtem Dach die wachhabende Mannschaft das Umland überblicken kann. Diesem Gebäudeteil sind zahlreiche Räume angegliedert, die als Ställe, Waffen- und Vorratslager dienen. Den Innenhof der oft rechtwinkligen Anlagen umschließen trutzige Türme und dicke Mauern. Während in den Türmen u. a. die Schlaf- und Aufenthaltsräume der Ritter liegen, essen und schlafen die Dienst-

boten in Räumlichkeiten, die sich an einer Seite des Innenhofes befinden. Der Burgherr und seine Frau bewohnen die Gemächer auf der anderen Seite.

Im Gegensatz zu den einfachen Ritterburgen, die sich vor allem durch ihre Wehrhaftigkeit auszeichnen, sind die großzügig angelegten Burgen der Landesfürsten auch eindrucksvolle Repräsentationsbauten, die einen umfangreichen Hofstaat beherbergen. Unbestrittenes Glanzstück solcher Burgen ist der große Saal, in dem der Burgherr wichtige Besucher empfängt und festliche Bankette ausrichtet. Musikanten unterhalten die illustren Gäste. Neben dem Saal befinden sich Speise- und Getränkekammer sowie die Küche. Darunter lagern in einem Keller Fässer mit den besten Weinen.

Kemenate

Feldarbeit

Ritter mit Falken

Vorratsraum

Holzlager

Latrine

Großer Saal

Musikantengalerie

Küche

Speisekammer

Gesindestube

Gemüsegarten

Wachstube

Waffenlager

Verlies

Dach, und der Gestank der Tiere erfüllte jeden Raum. Eltern und Kinder verbrachten die Nacht in einem Zimmer. Manchmal hingen lange Stoffe von der Decke herab, um auf diese Weise ein Mindestmaß an Intimsphäre zu gewährleisten.

In den Städten, die von einer Mauer umschlossen wurden, stand für die einzelnen Häuser nur sehr wenig Platz zur Verfügung. So errichtete man auf den meist äußerst schmalen Grundstücken zwei oder drei Stockwerke, die man wegen der geringen Grundfläche auskragen ließ. Dies brachte zwar etwas Raumgewinn, verhinderte jedoch den Einfall des Tageslichts in die düsteren Gassen.

Im Erdgeschoß der Handwerker- und Kaufmannshäuser lag die Werkstatt bzw. das Kontor. Den Mittelpunkt des Familienlebens bildete die oft im ersten Geschoß gelegene Stube, die von einem Ofen beheizt wurde. Sie diente ärmeren Familien als Küche, Arbeitsraum und Schlafzimmer; nicht selten hielt man hier auch Kleinvieh. Im Unterschied zu heute waren die meisten Wohnungen nur äußerst spärlich mit Mobiliar ausgestattet. Der praktische Nutzen der Möbelstücke stand eindeutig im Vordergrund. So baute man selbst im späten Mittelalter Tische, indem ein Holzbrett auf zwei Böcke gelegt wurde. Eine tief herabhängende Tischdecke verbarg in den Häu-

sern vornehmer Familien die einfache Konstruktion. Man saß auf Bänken, die fest mit der Wand verbunden waren und manchmal auch als Schlafstätten dienten. Ab dem 13. Jh. wurde allerdings in einigen Wohnungen sehr reicher Bürger die Ausstattung der Räume immer luxuriöser. Dies war besonders auf Einflüsse aus dem Orient zurückzuführen, die sich durch die Kreuzzüge in Europa verbreiteten. Handgewirkte Teppiche schmückten die Wände der Kaufmannshäuser, und Schnitzereien sowie Malereien zierten die Möbel.

Ein großes Problem aller mittelalterlichen Haushalte war die Versorgung mit frischem Wasser. Da es kein fließendes Wasser in den Wohnungen gab, mußte man das kostbare Naß entweder aus Flüssen und Quellen holen oder es auf der Straße von Wasserträgern kaufen. In vielen Städten gab es auch Ziehbrunnen, deren Benutzung aus hygienischen Gründen mit strengen Auflagen verbunden war. So durfte kein räudiges Vieh getränkt werden, und den Trägern ansteckender Krankheiten und manchmal auch ihren Verwandten war es untersagt, aus öffentlichen Brunnen zu trinken oder dort Wasser zu holen. Die Unterhaltung der Brunnenanlagen oblag den privaten Benutzern, die zu diesem Zweck Brunnengemeinschaften bildeten.

AUS EINEM HAUSBUCH

Ende des 14. Jh. schrieb ein reicher Franzose seiner weitaus jüngeren Ehefrau folgende Ermahnungen in das Hausbuch der Familie: „Wenn Ihr nach mir einen anderen Mann heiratet, müßt Ihr ihn sehr gut umsorgen. Denn wenn eine Frau ihren ersten Mann verliert, hat sie oft Schwierigkeiten, eine zweite standesgemäße Ehe zu schließen. Kümmert Euch daher gut um Euren Mann und achtet darauf, daß er saubere Wäsche trägt, denn dies ist Eure Pflicht ... Den Ehemann tröstet die Hoffnung auf die Fürsorge seiner Frau, wenn er nach Haus kommt: die Schuhe beim Feuer ausziehen, die Füße waschen lassen, saubere Schuhe und Strümpfe anziehen, gutes Essen und Trinken bekommen, schön bedient und versorgt werden, gut gebettet sein in frischen Stoffen und weißen Schlafmützen, zugedeckt sein mit guten Pelzen und verwöhnt durch andere Freuden und Unterhaltungen, Vertraulichkeiten und Liebesdienste."

In Familien des gehobenen Bürgertums wurde ein Hausbuch geführt.

y intention x
parler des gar
dins et x lart
de leur labour
ge / et de toutes les herbes
qui y sont semees pour no
riture x corps humain Et
auec ceulx pry ie diray en
semble x celles qui sans
labourer viennent ailleurs
par seur nature et vertu du
soleil... en diuar par so
...b c selon le latin
...y aussi la vertu

qui puet aidier et nuyre au
corps Car ce vault par espe
cial au corps de ceulx qui
demeurent aux champs qui
ne peuent auoir medicines
composees a leur plaisir
Cy parle des vertus des her
bes en commun .
Nous disons que larbre
seulement contient
la parfaicte nature x la
plante / et en larbre les
proprietez des elementaires
sesloingnent plus des excellen

In einer illustrierten Handschrift aus dem 15. Jh. wird die Pflege eines Kräutergartens beschrieben (oben). Links sieht man eine befestigte Stadt des 15. Jh.

Falls die gewerbliche Nutzung überwog, finanzierten oft auch die Städte die Einrichtung und die Instandhaltung der Brunnen. Die Entsorgung des schmutzigen Wassers regelte man wie so viele Umweltprobleme des Mittelalters auf sehr einfache Weise: Man schüttete es auf die Straßen, wo es sich mit Abfällen und Exkrementen vermischte. Die unerträglichen hygienischen Zustände in den Städten hatten einen

Ein florentinischer Palazzo

Das Haus eines reichen italienischen Kaufmanns bietet seiner Familie angenehme Wohnverhältnisse, ist aber aufgrund seiner aufwendigen Architektur auch ein Ort der Repräsentation. Mit der zinnenbewehrten Mauer, die den Garten umschließt, den winzigen, vergitterten Fenstern im Erdgeschoß und den massiven Türen erinnert es an eine abweisende Burg – zu Recht, denn immer wieder kommt es in den Städten zu heftigen Auseinandersetzungen zwischen dem Adel, der wohlhabenden Oberschicht und den niederen Zünften. Darüber hinaus sind viele italienische Städte oft in Kämpfe mit auswärtigen Feinden verwickelt. Zum Alltag der reichen Kaufleute gehört auch die Furcht vor Einbrechern.

Die Haupttür führt von der geschäftigen Straße mit ihren Wein- und Tuchgeschäften in einen von Arkaden gesäumten Hof. Hinter den Bogengängen liegen Küche und Vorratsräume.

Im ersten Stock, dem Piano-nobile, befinden sich kleine Schlafzimmer und ein großzügig ausgestatteter Speisesaal, der auch der Bewirtung von Gästen dient. Im zweiten Stockwerk hat sich der Hausherr ein Arbeitszimmer eingerichtet, das an das Schlafgemach des Kaufmannsehepaares grenzt. Blickfang des Schlafzimmers, in dem ein Kamin für Wärme sorgt, ist ein prächtiges Himmelbett. Im Obergeschoß gibt es weitere Vorratsräume und eine Waschküche. Der Keller wird gern im heißen Sommer aufgesucht.

Vorratsräum

Loggia

Weingeschäft

beitszimmer

Pianonobile

Küche

Keller

erheblichen Anteil an der Verbreitung von Seuchen, die zu den größten Geißeln des Mittelalters zählten. In vielen Städten versuchte man der Verschmutzung der Straßen Herr zu werden, und die städtische Obrigkeit erließ zahlreiche Verordnungen, welche die Bürger zur Beseitigung ihrer Abfälle anhalten sollten. Unrat, der sich vor den Häusern befand, mußte innerhalb bestimmter Fristen entfernt werden. Gab es vor den Toren der Stadt keine Abfallgruben, landete der Müll meist im Stadtgraben – manche Städte beschäftigten allerdings Aufseher, die diese Form der Abfallbeseitigung verhindern sollten.

Ihre Notdurft verrichteten die Menschen entweder im Freien oder in den Latrinen, die es vor allem im Spätmittelalter in vielen Häusern gab. Wenn der Abort zwischen den oberen Stockwerken zweier Häuser angebracht war, teilten sich deren Bewohner diese Gemeinschaftslatrine. Da die Exkremente nicht sofort entfernt wurden, litten die Hausbewohner und ihre Nachbarn unter dem Gestank, der von den primitiven Einrichtungen ausging.

Auf dem Land

Obwohl die Städte im Mittelalter einen großen Aufschwung nahmen, lebte im 15. Jh. die überwältigende Mehrzahl der Bevölkerung auf dem Land. Im Unterschied zu den freien Stadtbewohnern waren die Bauern weitgehend rechtlos und mußten Abgaben an einen Grundherrn leisten. Anders als die Häuser in der Stadt wurden die Bauernhäuser auch noch im späten Mittelalter aus Holz oder aus mit Stroh vermischtem Lehm errichtet. Steine verwendete man nur für die Fundamente. Die Ritzen zwischen den Balken der Holzwände waren notdürftig mit Moos verschlossen. Die Dächer deckte man mit Stroh, Schilf oder Schindeln,

Bäuerinnen wärmen ihre klammen Hände vor dem Kamin.

während gestampfter Lehm oder seltener Holzbretter den Boden bildeten. Die Häuser hatten in der Regel nur einen Raum, doch manchmal teilte man diesen mit einem Vorhang aus grobem Stoff in zwei Hälften. Eine der größten Gefahren für die Häuser war die offene Feuerstelle, die als Kochstelle und Wärmequelle genutzt wurde. Als Rauchfang diente ein Loch in der Decke. Die Mehrzahl der Häuser hatte nur einen großen Wohnraum, der als Küche, Schlafstätte, Arbeitsraum, Kinderzimmer, Lagerraum für die Ernte und im Norden Deutschlands auch als Viehstall diente. Man kann sich vorstellen, daß es in einem solchen Bauernhaus sehr laut war: Das Grunzen der Schweine und das Gackern der Hühner vermischten sich mit dem Kindergeschrei, den Ermahnungen der Bäuerin und vielfältigen Arbeitsgeräuschen. Selbst nachts herrschte nie vollständige Ruhe.

Neben einem großen, grobgezimmerten Tisch, an dem sich zehn und mehr Personen versammeln konnten, und rustikalen Holzbänken zum Sitzen und Schlafen waren Truhen die einzigen Möbelstücke. Auf einem Regal, das an der Wand befestigt war, standen irdene Töpfe, Krüge und Schüsseln. Eiserne Kessel und Kupferpfannen dienten zum Kochen. An Nägeln, die in die Wand geschlagen waren, hingen die Werkzeuge für die Feldarbeit: Mistgabeln, Sicheln und Spaten. Auf dem Boden standen Körbe, Holzeimer und hin und wieder auch eine kleine Holzwanne zum Baden. In guten Zeiten hing geräuchertes und gepökeltes Fleisch an den Dachbalken, so daß es sich außerhalb der Reichweite von Mensch und Tier befand.

In den Bauernhäusern herrschte weitgehende Dunkelheit, da die kleinen Öffnungen, die als Fenster dienten, meist zum Schutz vor Wind und Kälte mit einem Geflecht aus Weiden oder mit einem hölzernen Gitter verschlossen waren.

Im Gegensatz zu den Stadthäusern, die aufgrund der räumlichen Enge innerhalb der Stadtmauern dicht an dicht standen, lagen die Hütten und Höfe der Bauern oft weit auseinander – nur äußerst selten begrenzte eine feste Mauer die dörfliche Siedlung, und der Zaun, der manche Dörfer umschloß, um das Vieh am Entlaufen zu hindern, konnte jederzeit problemlos wieder abgerissen werden.

Im 15. Jh. lebten in Deutschland etwa neun Zehntel der Bevölkerung auf dem Land. Die harte Arbeit der Bauern begann vor Anbruch des Tages und endete mit dem Sonnenuntergang.

49

ROMANIK UND GOTIK

Zur Ehre Gottes errichteten die Baumeister gedrungene Kirchen

mit mächtigen Mauern und lichtdurchflutete Kathedralen.

Die Romanik, der erste Baustil, der das gesamte Abendland umfaßte, entstand im 10. Jh. und entwickelte sich in enger Verbindung mit den Klosterreformen des Mittelalters. Die Planung und Errichtung von Sakralbauwerken lag in den Händen der Kirche, und das 910 in Burgund gegründete Benediktinerkloster Cluny und die zahllosen, ihm verbundenen Klöster in Frankreich und dem übrigen Europa beschäftigten die besten Baumeister ihrer Zeit.

Charakteristisch für die eng an die antike Baukunst angelehnte Romanik ist der Rundbogen, der sowohl statischen als auch dekorativen Zwecken dient. Typisch sind auch die dicken Mauern und die Dunkelheit in den Gotteshäusern, die nur wenige und kleine Fenster besaßen. Dank der Verbesserung der Steinmetztechnik machten die Baumeister der Romanik auf dem Gebiet der Gewölbekonstruktion große Fortschritte. Während im frühen Mittelalter viele Kirchen Holzdecken besaßen, wurden zunehmend schwere Steindächer gebaut. Neben Tonnengewölben, deren Konstruktion recht einfach war, baute man besonders Kreuzgratgewölbe, die durch die rechtwinklige Durchdringung von zwei Tonnengewölben entstanden. Von einem Kreuzgratgewölbe überspannt ist auch das Mittelschiff des Kaiserdoms in Speyer, der im 11. Jh. errichtet wurde.

Die Grundrisse der romanischen Kirchen gehen auf bekannte Vorbilder zurück, wobei besonders die dreischiffige Basilika mit einer Apsis im Osten verbreitet war. In Deutschland entstanden zahlreiche doppelchörige Anlagen, die eine weitere Apsis im Westen besaßen. Ein bedeutendes Zentrum der romanischen Baukunst bildete der niederrheinische Raum, und besonders in Köln wurden viele

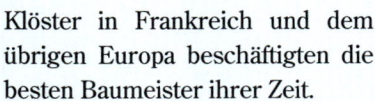

Landshut, St. Martin: Die Skulptur rechts erinnert an den Baumeister Hans von Burghausen, der 1432 starb. Zirkel eines mittelalterlichen Steinmetzen (rechts unten).

Die Strebebogen der gotischen Kathedrale von Chartres (13. Jh.) leiten den Seitenschub des Gewölbes zu den äußeren Strebepfeilern (links oben). Kölner Dom: Blick in das fast 44 m hohe Mittelschiffsgewölbe. Das bedeutendste gotische Sakralbauwerk in Deutschland wurde im 13. Jh. errichtet (links).

romanische Kirchen errichtet, darunter auch Groß-St.-Martin mit seinem kleeblattförmigen Grundriß.

Im 12. Jh. löste in Frankreich
die Gotik die Romanik als vorherr-
schenden Baustil ab. In Deutschland, dessen Herrscher der Baukunst der römischen Kaiser ver-
haftet waren, entstanden erst im
13. Jh. gotische Gotteshäuser.

Die Baumeister der Gotik stütz-
ten sich auf die Erfahrungen ihrer Vorgänger und perfektionier-
ten besonders den Bau der Ge-
wölbe. Kreuzrippengewölbe, die
von schlanken Säulen getragen
wurden und deren Schub von
Strebepfeilern und Strebebogen
aufgefangen wurden,
ermöglichten
den Bau
hoch em-
porragen-
der Kathedralen mit riesigen Fen-
sterflächen.

Als erstes Meisterwerk der gotischen Baukunst gilt die unweit von
Paris gelegene Abteikirche Saint-
Denis (1137–1144). Ein weiteres
Musterbeispiel der Gotik ist Notre-
Dame in Paris mit ihrem kunstvol-
len Strebewerk. Das wichtigste gotische Bauwerk in Deutschland ist
der ab 1248 errichtete Kölner Dom.

ESSEN UND TRINKEN

Zehn und mehr Gänge bildeten ein Festmahl der Burgherren und der wohlhabenden Bürger;

die Bauern hingegen, die von den Reichen als „Kraut- und Rübenfresser" verspottet wurden,

lebten in ständiger Angst vor den immer wiederkehrenden Hungersnöten.

Jhr Armen, mit der Sünde der Völlerei habt ihr nichts zu schaffen, denn ihr habt fast nie das, was ihr braucht, denn das, was ihr in eurer Not haben müßtet, das verschlingen die Vielfraße in ihrer maßlosen Gier … Wo ihrer zehn beisammen sind, verprassen sie an einem Tag, was gut und gern für 40 Menschen reichen würde." Mit diesen deutlichen Worten kritisiert um die Mitte des 13. Jh. ein Volksprediger aus Regensburg die Unmäßigkeit im Essen und Trinken und macht deutlich, daß die Völlerei vor allem eine Sünde der Reichen ist.

Die Predigt des Franziskaners stammt aus einer Zeit, in der ein Großteil der Bevölkerung oft kaum das Nötigste zu essen hatte und eine Mißernte große Hungersnöte auslöste. Noch immer war in einigen Gegenden Europas der Übergang von der Zweifelder- zur Dreifelderwirtschaft nicht vollständig abgeschlossen – eine Entwicklung, die seit der Mitte des 8. Jh. eine allmähliche Verbesserung der Ernährungslage mit sich brachte. Lag bei der Zweifelderwirtschaft jedes Jahr die Hälfte des nutzbaren Bodens brach, so teilten die Bauern bei dem neuen System das Ackerland in drei Teile. Auf dem ersten Drittel baute man Getreide und auf dem zweiten Hülsenfrüchte an, während sich der übrige Boden regenerieren konnte. Doch obwohl die Fortschritte in der Landwirtschaft und immer ausgefeiltere Methoden zur längeren Konservierung der Lebensmittel eine

HÄTTEN SIE'S GEWUSST?

Der Dichter Wolfram von Eschenbach, der Anfang des 13. Jh. mit dem *Parzival* eines der bedeutendsten Werke der deutschen Literatur des Mittelalters schuf, trat auch als ein Kritiker der Tischsitten seiner Zeitgenossen hervor. So äußerte er sich ironisch über die neue höfische Gewohnheit, eine bunte Reihe zu bilden, in der jeweils ein Edelfräulein neben einem Adligen saß. Zu Beginn des Mittelalters pflegten die Männer noch getrennt von den Frauen zu essen und mußten sich daher keinerlei Zwang antun.

Auch im Mittelalter beliebt: ein Glas Wein.

bessere Versorgungslage garantierten, unterschieden sich auch im späten Mittelalter die Ernährungsgewohnheiten der verschiedenen gesellschaftlichen Gruppen auf heute kaum vorstellbare Weise.

REICHGEDECKTE TAFELN
Die Speisekarte der adligen Burgherren und der vornehmen Bürger in den Städten war nicht nur wesentlich länger als die der ländlichen Bevölkerung, auf ihr standen auch andere Gerichte. Im Unterschied zu den Bauern, die nur sehr selten Fleisch aßen, verzehrten die Reichen bei einer normalen Mahlzeit oft mehrere verschiedene Fleischsorten. Andererseits aßen sie nur wenig Gemüse und kaum rohes Obst. „Hüte dich vor Salaten, grünen Speisen und rohem Obst", lautete eine typische Warnung. So fehlte es der Nahrung an Ballaststoffen, und die Menschen wurden von Verstopfung geplagt. Außerdem mangelte es der Kost an Vitaminen, so daß Krankheiten wie Rachitis und Skorbut zum Alltag der Wohlhabenden gehörten.

Von jeher ehren aufmerksame Gastgeber die Geladenen mit einem reichgedeckten Tisch. Doch nur zu wenigen Zeiten wurden Gäste mit derart opulenten Festmahlen verwöhnt wie im Mittelalter. So bestand das Bankett, das 1368 anläßlich der Hochzeit eines englischen Prinzen mit einer Frau aus dem italienischen Adelsgeschlecht der Visconti veranstaltet wurde, aus 30 Gängen, bei denen sich

Auf einer Platte bringen Diener den Gästen eines Banketts frische Brotscheiben. Rechts sieht man einen Bauern, der Getreidehalme zu Garben bindet.

Fisch und Fleisch ergänzten. Man bewirtete die Gäste mit heute seltsam anmutenden Speisekombinationen wie Spanferkel mit Krabben, Hase mit Hecht, Kalb mit Forelle, Ente mit Karpfen, Pasteten vom Rind und vom Aal und verschiedenen Fleisch- und Fischsorten in Aspik. Zu den Beilagen zählten gebratenes Ziegenfleisch, Wildbret, eingelegte Ochsenzunge, Bohnen, Quarkspeisen, Käse und Obst. Die Fleisch- und Fischgerichte waren alle mit einer Mischung aus Eigelb, Safran und Mehl überzogen. Daß der englische Prinz unmittelbar nach dem Hochzeitsmahl erkrankte und nur wenig später – möglicherweise an den Folgen einer Lebensmittelvergiftung – starb, kann angesichts dieses selbst für die damaligen Verhältnisse außergewöhnlichen Festmahls nicht erstaunen.

Wesentlich bescheidener, doch immer noch ungewöhnlich reichhaltig nimmt sich das Menü

In einem italienischen Fischgeschäft des 14. Jh. wählt ein Kunde aus dem reichen Angebot (rechts).

Mit einem Schieber holt ein Bäcker Brot aus dem Ofen; ein Zunftgenosse von ihm, der zu leichte Brote verkauft hat, wird durch die Straßen geschleift (links).

aus, mit dem im 15. Jh. ein sehr reicher Bürger seine Gäste erfreute. Das achtgängige Menü wurde mit gezuckerten Erdbeeren eröffnet. Darauf folgten junge Hühner, gedämpftes Hammelfleisch, gesottenes Schaffleisch, gebratene Hühner, eine ebenfalls gebratene Hammelkeule, Gans und zum Abschluß Käse und Kirschen. Obwohl dieses üppige Mahl vier Sorten Fleisch enthält, kann es dem Vergleich mit einem Festessen in adligen Häusern nicht standhalten. Auffällig ist einerseits das Fehlen von Wildbret – das Jagdprivileg war dem Adel vorbehalten – und andererseits die mangelnde Raffinesse in der Zubereitung der Speisen.

Die Vielzahl der Gänge, welche die Mahlzeiten in wohlhabenden Haushalten kennzeichnete, war nicht auf festliche Anlässe beschränkt. Ein süddeutscher Graf, der im 15. Jh. lebte, ließ sich zur ersten

Hauptmahlzeit acht und zur zweiten größeren Mahlzeit sechs Gänge servieren. Angesichts derart umfangreicher Menüs scheint das Mittelalter für die Reichen ein Zeitalter maßloser Völlerei gewesen zu sein. Tatsächlich waren die Portionen aber oft sehr klein, und gerade bei opulenten Festmahlen wurde von den Gästen nicht erwartet, daß sie jeden Gang probierten. Darüber hinaus speiste man nicht an allen Tagen so reichhaltig, galt es doch, die strengen Fastengebote zu beachten. Verboten war der Genuß von Fleisch, Milch, Quark, Käse und Eiern in der 40 Tage währenden Fastenzeit vor Ostern, an den drei Tagen vor Christi Himmelfahrt und an zahlreichen weiteren religiösen Feiertagen. Die Fastengebote besaßen auch an Freitagen und Samstagen Gültigkeit, so daß an insgesamt rund 130 Tagen kein Fleisch verzehrt werden durfte. An den Fasten-

Italienische Imker kümmern sich um ihre Bienenstöcke (15. Jh.). Honig diente im Mittelalter als ein billiger Zuckerersatz.

tagen stand statt Fleisch und Milchprodukten eine Vielzahl von Fischgerichten auf dem Speiseplan.

Als Getränke bevorzugte man Bier und Wein, der im Mittelalter in höfischen Kreisen dem Honigtrunk Met den Rang ablief. Die Vielfalt der Zubereitungsarten übertraf die heutige bei weitem, die meisten Wein- und Biersorten wären für uns jedoch völlig ungenießbar. Guten Ruf genossen im Spätmittelalter die Biere aus Einbeck und Erfurt, andere wiederum waren aufgrund ihrer zweifelhaften Beschaffenheit überregional berüchtigt. Wein versetzte man mit Kräutern und exotischen Gewürzen.

Gewürze in den verschiedensten Kombinationen verwendete man ebenfalls zur Verfeinerung der Speisen. Einerseits sagte man Kräutern, die, wie beispielsweise Salbei, Minze, Fenchel und Dill, in kleinen Hausgärten gezogen wurden, Heil-

kräfte nach. Andererseits versuchte man, durch starkes Würzen den unangenehmen Geruch von nicht mehr frischen Speisen zu überdecken.

IN DER BAUERNKÜCHE

Während die Reichen angesichts der großen Auswahl an Gerichten oft die Qual der Wahl hatten, ernährten sich die Bauern jahraus jahrein von den immer gleichen Grundnahrungsmitteln: Brot, Brei und Hülsenfrüchte bildeten die Eckpfeiler der ländlichen Küche. Der Genuß von Schweinefleisch blieb auf wenige festliche Anlässe beschränkt. Nahrungsmittel wie Kartoffeln, Tomaten oder Mais waren noch nicht bekannt – sie kamen erst später aus der Neuen Welt nach Europa. Brot wurde in Mitteleuropa vorwiegend mit Roggenmehl gebacken, im späten Mittelalter aß man

SÜSSE LECKEREIEN

Auch im Mittelalter schätzten verwöhnte Gaumen köstliche Süßspeisen wie kandiertes Obst, getrocknete Früchte oder erlesenes Konfekt. Diese teuren Leckerbissen reichte man meist am Ende einer Tracht, wie die Gänge eines mittelalterlichen Menüs genannt wurden. Schon Anfang des 15. Jh. wurde in Deutschland Marzipan hergestellt, und bereits im 14. Jh. rühmte man die wohlschmeckenden Nürnberger Lebkuchen. Laut einem mittelalterlichen Rezept enthielt diese Spezialität u. a. Mehl, Honig, Milch, Mandeln, geriebene Zitronenschale, Kardamom, Ingwer, Muskat und Nelkenpulver sowie eine Prise Hirschhornsalz.

Dieses Bild aus dem 15. Jh. zeigt französische Bauern bei der Weinlese. Neben den Rebstöcken werden die Trauben in einem großen Bottich zerstampft.

jedoch auch Weizenbrote. Gerste und Hafer waren die beiden wichtigsten Getreidearten für die Zubereitung von Breien. Da Fleisch in der Küche der Armen nur eine sehr untergeordnete Rolle spielte, litten die Landbevölkerung und die weniger gut gestellten Stadtbürger besonders stark unter einer schlechten Ernte.

Man bemühte sich zwar, durch Vorratswirtschaft Engpässen in der Lebensmittelversorgung entgegenzuwirken, doch trotz vielfältiger Konservie-

rungsmethoden war die Haltbarkeit vieler Nahrungsmittel auf kurze Zeit begrenzt. Kraut versuchte man durch Einsäuern zu konservieren, Obst wurde gedörrt, Fleisch geräuchert und gepökelt. Am Meer, wo auch Fisch die ansonsten karge Kost der Armen ergänzte, legte man Heringe in eine Salzlauge und hängte sie anschließend einige Tage über ein Feuer. So blieben sie monatelang haltbar. In Nordeuropa war der Kabeljau ein beliebter Speisefisch. Die Tiere wurden ausgenommen, in Streifen geschnitten und auf Holzgestellen in der Sonne getrocknet. Nicht ganz einfach war es, den Stockfisch für den Verzehr genießbar zu machen. Laut einem Rezept aus dem 14. Jh. mußte man den Fisch „eine ganze Stunde lang mit einem Holzhammer klopfen, dann zwei weitere Stunden oder noch länger in warmem Wasser einweichen und ihn dann kochen und sehr gut säubern." Der Fisch wurde mit Senf oder mit geschmolzener Butter verspeist.

Die Bauern tranken Wasser, Milch und Unmengen von Bier und Met, das sich von einem Getränk des Adels zu einem Volksgetränk entwickelt hatte. Wein genoß man nur an Festtagen.

Die Essenszeiten richteten sich nach Jahreszeit und Arbeitsrhythmus und waren darüber hinaus von Land zu Land und Region zu Region unterschiedlich. Die erste Mahlzeit des Tages jedoch nahmen die Bauern in allen europäischen Ländern im Morgengrauen ein. Sechs oder sieben Stunden später gab es das Frühmahl, das meist die umfangreichste Mahlzeit des Tages war. Nach der Arbeit,

Köche und ihre Gehilfen bereiten ein Mahl vor, das von zwei Dienern in den Speisesaal der Herrschaft getragen wird.

Kessel aus Bronze und Messer mit Stahlklingen verwendete man in englischen Küchen des späten Mittelalters.

kurz vor Sonnenuntergang, nahm man schließlich die zweite große Mahlzeit des Tages ein. An den langen Sommertagen überbrückte man die Spanne zwischen Früh- und Spätmahl mit einem Stückchen Brot oder mit einer anderen kleinen Zwischenmahlzeit.

In den Städten gab es die Möglichkeit, sein Brot oder sein Fleisch beim Bäcker oder in einem öffentlichen Ofen zu backen oder zu braten. Beim Bäcker konnte man außer Brot auch Kuchen kaufen, der allerdings für die meisten Bürger zu teuer war. In den Geschäften betrog man häufig beim Wiegen, und viele Lebensmittel wurden durch Beigabe fremder Stoffe verfälscht und teilweise ungenießbar gemacht. So wurde Sägemehl als geriebene Muskatnuß verkauft, Fleisch mit Getreide oder Abfällen gefüllt oder getrocknete Johannisbeeren anstelle der wertvolleren Pfefferkörner verkauft. Da mit dem Wachstum der Städte

die Betrügereien zunahmen, erließ man zahlreiche Gesetze, um die Kunden zu schützen. Viele Betrüger führte man durch die Straßen zum Pranger, wo sie dem Gespött der Öffentlichkeit preisgegeben wurden.

GESCHIRR UND BESTECK

Die wichtigsten Eßgeräte des Mittelalters waren Löffel und Messer und die Hände; Gabeln mit geraden Zinken dienten nur zum Aufspießen von Fleisch, das zerschnitten werden sollte. Bereits im 11. Jh. soll zwar die Frau eines Dogen von Venedig, eine vornehme Griechin, sich einer zweizinkigen Gabel bedient haben, doch nach heftigem Tadel mußte sie auf das ungewöhnliche Besteck verzichten. Erst im 17. Jh. gehörte die mit gebogenen Zinken versehene Gabel zum allgemein üblichen Besteck. Messer trug man in einem Futteral ständig bei sich, und auch als Gast benutzte man oft das eigene Messer. Gegessen wurde von großen Platten, Tellern und aus Schüsseln, die meist aus Holz, in vornehmen Haushalten jedoch bisweilen aus Zinn waren. Selbst bei den Wohlhabenden sah man es durchaus nicht als ungewöhnlich an, daß zwei Personen aus demselben Teller aßen. Vielen Bauern diente ein großes Stück Brot als Ersatz für einen Teller. Da es allgemein üblich war, die Speisen mit der Hand auf den Teller zu legen, standen mit Wasser gefüllte Gefäße auf dem Tisch und lagen Handtücher zur Reinigung bereit.

Eine reiche englische Familie speist an einem langen Holztisch.

MODE UND MANIEREN

Kleidung im Mittelalter war vor allem eine Frage der Standeszugehörigkeit.

Die modischen Akzente setzten Adlige und wohlhabende Bürger, während sich die

Landbevölkerung nach den Erfordernissen der alltäglichen Arbeit kleidete.

Im frühen Mittelalter bot die Kleidung der Männer und Frauen trotz einiger kleiner Unterschiede zwischen den gesellschaftlichen Gruppen ein weitgehend einheitliches Bild. Modische Änderungen vollzogen sich ebenso wie in den vorhergehenden Jahrhunderten fast unmerklich. Da der überwiegende Teil der Bevölkerung den ganzen Tag arbeitete und über keine Freizeit verfügte, mußte die Kleidung in erster Linie praktisch sein. Die Männer trugen einen knielangen Umhängemantel, der meist aus Wolle, aber auch aus Fell und manchmal sogar aus Gras oder Stroh bestand. Der Mantel verbarg Hemden aus grobem Leinen. Ebenfalls aus Leinen waren die Hosen gefertigt, zu deren

Ein Arzt untersucht einen Kranken.

Herstellung aber auch Leder oder Wolle verwendet wurde. Zahlreiche Bauern arbeiteten mit bloßen Beinen oder umwickelten sie mit Leinenbändern. Ging man nicht barfuß, trug man Schuhe aus Leder, Bast oder Holz.

Auch die Frauen waren ausgesprochen schlicht gekleidet: Rock und Hemd waren aus den gleichen Stoffen wie bei den Männern und besaßen einen einfachen, geraden Schnitt. Im Unterschied zu den Mänteln der Männer reichten ihre Röcke bis auf den Boden. Unterkleidung war bei Frauen wie bei Männern zu Beginn des Mittelalters nicht bekannt und hatte sich selbst im 13. Jh. noch nicht überall durchgesetzt.

„HAT ES JE EINE DÜMMERE MODE GEGEBEN?"

Diese Frage stellte im 14. Jh. der Schriftsteller Franco Sacchetti, der die Moden und Marotten seiner italienischen Zeitgenossen kritisch unter die Lupe nahm. Ihm mißfielen u. a. die außergewöhnlich weiten Ärmel, die von Männern wie Frauen viel getragen wurden. Unbequem und nutzlos erschien ihm diese Mode, „denn niemand kann ein Glas oder einen Bissen vom Tisch nehmen, ohne seinen Ärmel am Tischtuch zu beschmutzen".

Weniger modische Extravaganz denn Sorge um ihr Leben bewog viele Italiener, die in Fehden verwickelt waren, Teile einer Rüstung unter ihrer normalen Kleidung zu tragen. Franco Sacchetti berichtet von seinem Freund Salvestro Brunelleschi, der in Erwartung eines Besuchers eine Halsberge angelegt hatte, um seinen Hals zu schützen. Vor dem Eintreffen Guernizo Aglis, des Gastes, dem Brunelleschi mißtraute, wollte er sich durch ein heißes Bohnengericht stärken. Als er einen Löffel zum Mund führte, fielen ihm die Bohnen in die Halsberge. Wutentbrannt sprang

Brunelleschi auf und riß sich die hinderliche Halsberge herunter. Er schrie: „Aus Angst vor Guernizo legte ich die Halsberge an, und nun habe ich mir den Hals verbrannt. Ich lasse mich lieber von meinen Feinden töten, als daß ich mich selbst umbringe."

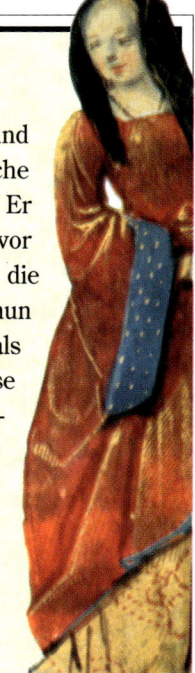

Adlige in einem Kleid mit weiten Ärmeln.

Haus- und Feldarbeit:
In Gemeinschaft spinnen
Dienerinnen und ihre
Herrin Garn und weben
das Tuch für ihre Kleider.
Die Feldarbeit obliegt den
Bauern (oben).

genähte Borte vom Kleid getrennt war, vorn. Die Stoff- oder Lederschuhe, die sie anhatten, waren bequem, schützten die Füße jedoch außerhalb des Hauses nur sehr schlecht. Die Haartracht der Männer war in den verschiedenen Ländern sehr unterschiedlich, Frauen hingegen trugen das Haar fast überall lang und meist geflochten.

Die Alltagskleidung der Wohlhabenden war ähnlich geschnitten wie die der Armen; sie hob sich nur durch die insgesamt bessere Qualität der Stoffe ab. Wenn besondere Anlässe es erforderten, legten die Männer pelzgefütterte Mäntel an, die an den Schultern mit einer Brosche zusammengehalten wurden. Die Frauen schlossen ihre Mäntel, deren Ärmel durch eine auf-

Gingen die Frauen nicht barhäuptig, bedeckten sie den Kopf mit einem Schleier oder einer Mantelfalte.

MODISCHE VIELFALT

War die Mode bis zum 12. Jh. nur geringen Wandlungen unterworfen, änderte sich dies durch den Kontakt mit der byzantinischen Welt und ihrer modischen Vielfalt. Wer es sich leisten konnte, trug nun wertvolle Stoffe aus dem Morgenland, deren Farbenpracht in krassem Gegensatz zu den schlichten Gewändern des frühen Mittelalters stand. Die Bauern und die Handwerker in den Städten kleideten sich jedoch nach wie vor sehr einfach. Mäntel, Hemden und Hosen durften nicht bei der Arbeit behindern, und darüber hinaus waren die kostbaren Stoffe für die Armen viel zu teuer.

Diese fromme Frau
trägt aus Demut
einen schlichten, mit
Flicken geschneider-
ten Überrock.

59

ZUR NACHAHMUNG NICHT EMPFOHLEN

Im Mittelalter gab es zahlreiche Tips zur Schönheitspflege, die aus heutiger Sicht oft kurios anmuten. So steht in den Anweisungen für eine Haarkur: „Zu etwas Weinhefe füge man reichlich Honig hinzu, damit die Hefe weich wird, und befeuchte damit das Haar über Nacht. Dann soll man eine Mischung aus Kreuzkümmelsamen, Hobelspänen, Safran und Öl einen Tag lang einwirken lassen und sie danach auswaschen."

Frauen, die sich volleres und lockigeres Haar wünschten, wurde empfohlen, Zwergholunderwurzeln oder Narzissenzwiebeln in Wein und Öl zu kochen und die Haare mit dem Sud zu befeuchten.

Um der Narbenbildung nach einer Pockenerkrankung vorzubeugen, sollte man folgendes Rezept anwenden: „Man löse zwei Löffel Salz in einem kleinen Becher Minzwasser, koche es zusammen auf und filtere die Flüssigkeit. Nach einer Pockenerkrankung soll man sich damit das Gesicht waschen."

Eine Salbe zur Bekämpfung von Läusen setzte sich aus folgenden Bestandteilen zusammen: drei Löffeln Lorbeeröl, Öl von süßen Mandeln und altem Schweineschmalz, etwas Pulver aus getrocknetem Scharfen Rittersporn, ein bißchen Saft vom Rainfarn und ein wenig Schwefelsalz. Diese Ingredienzien sollten zu einer Salbe verarbeitet

Viele Kräuter dienten zur Herstellung von Schönheitsmitteln.

werden. Vor jeder Anwendung mußte man sich das Haar mit Essig waschen.

Wertvolle Informationen über die Kleidung der vornehmen Gesellschaft geben u.a. Wandfresken, Plastiken und vor allem auch Miniaturen in mittelalterlichen Handschriften. Aussagen in Chroniken, Epen und Gedichten sowie eine Reihe von Kleiderordnungen, die in einigen Städten des Spätmittelalters erlassen wurden, ergänzen unser heutiges Wissen über die mittelalterliche Mode.

So langsam sich die Mode über Jahrhunderte gewandelt hatte, so schnell wechselten nun die modischen Vorlieben der Adligen, die bis ins späte Mittelalter das Vorbild für die wohlhabenden Bürger in den Städten lieferten.

Die Bequemlichkeit wurde oft der jeweiligen Mode geopfert. Die Männer bevorzugten enganliegende Hosen, die sich aus mehreren Teilen zusammensetzten. An dem sehr kurzen „Bruoch", der in seiner Form einer heutigen Turn- oder Badehose vergleichbar war, befestigte man mit Schnüren zwei lange Strümpfe. Die Sohlen der Strümpfe waren vermutlich mit Leder verstärkt – auf vielen mittelalterlichen Abbildungen tragen die Männer keine Schuhe.

Auch die Frauen betonten durch den engeren Schnitt ihrer Kleidung jetzt zunehmend ihre Körperformen.

Bei Frauen wie bei Männern waren die Ärmel ein besonders auffälliges modisches Accessoire. Nicht angenäht, sondern mit Bändern oder Knöpfen befestigt, konnten sie leicht abgenommen werden. An Hemd, Rock oder Untergewand angebracht, reichten sie insbesondere bei den Frauen bis in Bodennähe. Die langen Ärmel bestanden aus kostbaren Stoffen, die durch den zunehmenden Handel in immer größerer Auswahl zur Verfügung standen. Aus wertvollen Materialien gefertigt waren auch die langen Schleppen, welche die Frauen vor allem bei Festen oder anderen besonderen Anlässen über den Kleidern trugen. Sie waren so lang, daß sie über den Boden schleiften. Ein mittelalterlicher Sittenprediger rügte diese Mode, weil die Frauen, die in der Kirche Schleppen trugen, angeblich Staub aufwirbelten und die Gläubigen so beim Gebet störten. Gegen Ende des 13. Jh. schlug die Mode der langen Ärmel in das entgegengesetzte Extrem um. Die Ärmel verschwanden, und an ihre Stelle traten weite Öffnungen am Obergewand, die mit Borten oder mit Pelz gesäumt waren.

Die Kleidungsstücke wurden teilweise von den Frauen und bis zum Beginn des 12. Jh. auch von

Wie dieses italienische Mädchen waren die Kinder im Mittelalter ähnlich wie ihre Eltern gekleidet (15. Jh.).

Damen aus den vornehmsten Kreisen selbst gefertigt, doch gab es auch schon Werkstätten, wo Weber an mehreren Webstühlen arbeiteten. Vielfältig war die Zahl der verarbeiteten Stoffe: Samt aus Italien, Schafwolle aus England sowie Seide und Baumwolle aus dem Orient zählten zu den beliebtesten Materialien.

Während die Männer in der Regel barhäuptig waren und nur hin und wieder Hüte aufsetzten, trugen seit dem 13. Jh. nur noch die unverheirateten Frauen ihr Haar in der Öffentlichkeit unbedeckt. Junge Frauen, aber auch Jünglinge legten oft den Schapel, einen Stirnreif, an oder schmückten sich mit einem Blumengewinde. Eine charakteristische weibliche Kopfbedeckung war das Gebende. Ein steifes Band, das man um die Stirn legte, wurde von einem schmaleren Kinnband gehalten. Das Gebende, das auch die Ohren bedeckte, hatte den Nachteil, daß bei einer Unterhaltung jedesmal das Kinnband gelöst werden mußte. Verbreitet war auch die Gugelhaube, ein Kragen mit einer Kapuze, deren extrem lange Spitze über die Schulter gelegt wurde.

FRIVOLES AUS FRANKREICH

Schon im Mittelalter genoß die französische Mode einen ausgezeichneten Ruf. Im 14. Jh. kleideten sich nicht nur

Durch Farbstoffe, die aus Rinden, Beeren, Blättern und Wurzeln gewonnen wurden, erhielten die Kleidungsstücke ihre kräftigen Farben.

die modebewußten Adligen nach französischen Vorbildern, sondern auch Bürger, die mit dem Aufschwung der Städte zu Vermögen gekommen waren und die nötigen Mittel besaßen, um es den Adligen in bezug auf modische Extravaganzen gleichzutun. Auf französischen Einfluß ging besonders die Tendenz zurück, die Körperformen immer mehr zu betonen. Dies führte dazu, daß die Röcke

Haute Couture: Italienische Adlige prunken mit ihren kostbaren Mänteln und Kleidern.

immer kürzer und enger wurden, so daß sittenstrenge Zeitgenossen daran oft Anstoß nahmen. Ein Chronist bemängelte, daß die Röcke der Männer nicht nur die Konturen des Beckens und der Lenden, sondern auch die „anderer Körperteile, die besser verborgen bleiben sollten", nachzeichneten. In dem Bestreben, die Männlichkeit zu betonen, kam der Hosenbeutel, der vorn an der Hose angebracht wurde, in Mode. Eine Chronik aus Böhmen weiß sogar von Männern zu berichten, die gefütterte Brustlätze trugen und so den Anschein erweckten, „gleich als wann der Mann so wohl gebrüstet wäre als eine Weibsperson". Während manche Männer sich in ihrem Äußeren den Frauen anzunähern versuchten – einige Minnesänger trugen Frauenkleider –, unterstrichen die Frauen ihre Weiblichkeit auf vielfältige Weise. Die Ausschnitte der Hemden wurden immer größer, so daß schließlich die weibliche Brust kaum noch bedeckt war. Doch nicht jedermann erfreute sich an dieser Mode. Der fromme englische König Heinrich VI. (1421–1471) beispielsweise fühlte sich durch die dekolletierten Gewänder seiner Hofdamen peinlich berührt.

Obwohl sittenstrenge Prediger immer wieder die Eitelkeit der Menschen tadelten und zahlreiche Veränderungen der Mode heftig kritisierten, nahm die Zahl der modischen Accessoires unaufhaltsam zu. Die Frauen trugen parfümierte Handschuhe und Taschentücher, Fächer aus Straußen- und Pfauenfedern sowie Hals- und Hüftketten aus Gold und Silber. Eine charakteristische Kopfbedeckung des Spätmittelalters war der riesige, kegelförmige Hennin, der bis zu 1 m Höhe erreichte.

Mit skeptischem Blick begutachtet eine englische Lady ihre Frisur in einem Spiegel.

HÄTTEN SIE'S GEWUSST?

Im Mittelalter gab es zwar unzählige Pasten und Pulver, um sich farbig zu schminken, doch zeitweilig war es besonders in höheren gesellschaftlichen Kreisen modern, eine sehr blasse Gesichtsfarbe zu besitzen. Manche Frauen ließen sich sogar regelmäßig zur Ader, um dieses Aussehen zu erreichen.

Ein aus dem Mittelalter überliefertes Rezept zur Herstellung einer Gesichtspackung empfiehlt den Frauen, entweder die mit einem Messer zerhackten Reste einer Kröte oder die ganzen Tiere auf das Gesicht zu legen.

Auch junge Männer schmückten sich mit Hüten, die meist sehr unförmig waren, teilweise aber auch Zuckerhüten glichen und aus Filz, Biberfell oder Samt gefertigt wurden. Die verstärkten Sohlen der Strümpfe gerieten aus der Mode, statt dessen trug man aufsehenerregende, lange Schnabelschuhe mit hochgebogenen Spitzen.

EIN WEIBLICHES IDEALBILD

Ein italienischer Dichter verfaßte im Spätmittelalter eine Schrift über die Schönheit, die das Bild einer idealen Frau zeichnet. Sie sollte schönes Haar, eine hohe Stirn und geschwungene ebenholzfarbige Augenbrauen besitzen. Dunkle oder haselnußbraune Augen, dünne Wimpern, Ohren von der Farbe heller Rubine und zinnoberrote Wangen, die an einen Sonnenuntergang erinnern, gehörten auch zu diesem verklärenden Bild. Ein zinnoberroter, kleiner Mund, der nicht mehr als fünf oder sechs der oberen Zähne zeigen sollte, eine schmale, leicht nach oben gebogene Nase und ein langer, schmaler Hals erschienen dem Dichter ebenfalls als wichtige Bestandteile weiblicher Schönheit.

Ihre nicht nur von diesem italienischen Dichter vielbesungene Schönheit betonten Frauen auch

Dieses Bild Rogier van der Weydens zeigt eine Frau, deren Blässe einem mittelalterlichen Idealbild entspricht.

durch Schminke. Aus den verschiedensten Pflanzen gewonnene Farbstoffe wurden – teilweise unter Beifügung von zerstoßenen Insekten – mit Wasser verrührt und die daraus entstandene Paste auf das Gesicht aufgetragen. Die zahlreichen Mixturen waren oft wenig verträglich, und so gab es unzählige Rezepte zur Herstellung von Hautsalben. Eine dieser Pasten, die zu einer gesunden Haut verhelfen sollten, bestand aus „Spargelwurzeln, wildem Anis, weißen Lilienknospen, Milch von wilden Eseln oder roten Ziegen, gelagert in warmem Pferdemist und durch Filz gefiltert".

Zum Idealbild einer schönen Frau gehörten glänzende Zähne, die jedoch nicht weiß sein mußten. Es gab Zahnpflegemittel, die u. a. Honig, Zucker, zerstoßene Knochen, Obstschalen und Ruß enthielten. Andere Mixturen setzten sich aus zermahlenem Bimsstein, Alabaster, Korallenpulver und Ziegelstaub zusammen. Um den Mundgeruch zu bekämpfen, spülte man den Mund mit einer Mischung aus Wein, Zimt, Nelken, Honig und Orangenschalen aus.

Daß diese Art der Pflege die Zähne vielleicht zum Glänzen brachte, nicht aber ihre Erhaltung förderte, liegt auf der Hand. Die Mehrzahl der Menschen putzte ihre Zähne allerdings ohnehin nicht, und so besaßen die meisten schon in jungen Jahren ein mangelhaftes Gebiß. Darüber hinaus trug bei vielen Menschen

Reiche Edelfrauen legten bei Festen kostbaren Schmuck an (Brosche aus dem 13. Jh.).

die kalzium- und vitaminarme Ernährung, vor allem der weitgehende Mangel an frischem Obst und Gemüse, zum schlechten Zustand der Zähne bei.

KLEIDERORDNUNGEN

Zunehmender Wohlstand erlaubte es im Spätmittelalter auch Stadtbürgern und sogar einigen reichen Bauern, im Rahmen ihrer Möglichkeiten die Moden der Adligen zu imitieren. Weil Kleidung in der streng hierarchisch gegliederten Gesellschaft des Mittelalters jedoch nicht nur eine Frage des Geldes, sondern vor allem des Standes war, wurden von Fürsten, hohen geistlichen Würdenträgern, aber auch von zahlreichen städtischen Behörden Kleiderordnungen erlassen. Diese sollten verhindern, daß sich jemand „über seinen Stand" kleidete. In den Städten gab es Vorschriften, die deutlich zwischen Frauen- und Männerkleidung unterschieden und die reichsten Bürger an der Zurschaustellung von übermäßigem Luxus hindern sollten. Eine der frühesten Kleiderordnungen stammt aus dem Jahr 1234 und wurde von König Jakob von Aragonien erlassen. Sie schrieb u. a. vor, daß Zobel- und Hermelinpelze nur von Fürsten getragen werden durften.

Die meisten städtischen Kleiderordnungen des Mittelalters gehen auf das 15. Jh. zurück, aber bereits aus dem 14. Jh. sind einige dieser teilweise umfangreichen Vorschriftenkataloge überliefert. So wurde Mitte des 14. Jh. in Zürich den Frauen verboten, Kleider zu tragen, auf denen Gold oder Edelsteine aufgenäht waren, und in Erfurt bekamen

---

ZEITZEUGNIS

EIN BELEBENDES BAD

„Folgende Kräuter müssen zusammen gekocht werden: Stockrose, Malve, Mauerkraut, brauner Fenchel sowie Frauenviole, Johanniskraut, Tausendgüldenkraut, Spitzwegerich, Kamille, Echte Nelkenwurz, Sellerie, Wasserehrenpreis, Grindkraut und wilder Flachs, der gegen Schmerzen hilft. Darüber

hinaus werden Weidenblätter und Hafer hinzugefügt und alles in eine Wanne getan. Der Herr möge sich hineinsetzen und die Hitze so lang wie möglich ertragen ... An welcher Krankheit er auch leidet, diese Medizin macht ihn gesund."

Aus einem anonymen englischen Manuskript (15. Jh.)

Gemischte Badefreuden: Gäste eines Badehauses im Gespräch.

Gefahr für Mensch und Tier: Mit einer Mischung aus Öl und Quecksilber versucht eine Frau, die Kopfläuse ihres Mannes zu entfernen.

junge Männer Geldstrafen, weil sie sich mit zu langen Schnabelschuhen und zu kurzen Kleidern geschmückt hatten. Das Tragen zu knapper, als unzüchtig geltender Kleidungsstücke versuchten auch die Behörden anderer Städte zu unterbinden. Ende des 14. Jh. untersagte eine Straßburger Ordnung den Frauen das Anlegen von Kleidern mit Ausschnitten, welche die Brüste nicht verbargen.

Einige Kleiderordnungen machen deutlich, daß Handwerker und Bauern sich nicht mehr ausschließlich schlicht und praktisch kleideten, sondern zumindest einige Moden der höheren Schichten nachahmten. So mußte 1453 in Frankfurt am Main einfachen Dienstleuten und Handwerksgesellen das Tragen von gefärbten Schuhen mit Schnäbeln verboten werden.

Daß schon im 13. Jh. der schlichte graue Kittel nicht mehr das einzige Kleidungsstück der Bauern war, zeigt eine Verordnung aus dem Bayerischen Landfrieden von 1244. Damals schrieb man den Bauern vor, sich ausschließlich mit grauer oder allenfalls billig gefärbter blauer Kleidung zu bescheiden.

Einige Quellen weisen darauf hin, daß viele der in den

Schon im Mittelalter gab es die Angst vor dem „Zahnarzt".

unterschiedlichen Kleiderordnungen erlassenen Vorschriften zumindest von den Wohlhabenden wiederholt umgangen wurden. Wer es sich leisten konnte, zog es vor, sich luxuriös zu kleiden und die dafür vorgesehenen Strafen zu entrichten. So läßt sich aus städtischen Abrechnungen des 14. Jh. ablesen, daß in Nürnberg zahlreiche angesehene Bürger die Kleiderordnung mißachteten und daher das Stadtsäckel mit ihren Geldbußen füllten.

BADEFREUDEN

Die Kleiderordnungen legten teilweise auch fest, wie oft die Angehörigen verschiedener Stände ein bestimmtes Kleidungsstück besitzen durften. So untersagte der Kurfürst von Sachsen den adligen Frauen den Besitz von mehr als einem seidenen Rock. Für die meisten Bauern und die armen Stadtbürger waren derartige Vorschriften allerdings völlig bedeutungslos. Sie verfügten in der Regel nur über höchstens zwei Garnituren ihrer Arbeitskleidung, die sie nur äußerst selten reinigten. Da sie sich auch nicht sehr oft wuschen – sauberes Wasser war ein wertvolles Gut – stanken die Kleidungsstücke meist erbärmlich.

Doch auch die Wohlhabenden trugen schmutzige Kleidung – den Anschein von Sauberkeit erweckten allenfalls die Obergewänder.

Die Menschen im Mittelalter – welchem Stand sie auch angehörten – wuschen sich sehr viel seltener, als dies heute üblich ist. Moslems, für die das mehrmalige tägliche Waschen eine religiöse Verpflichtung darstellt, äußerten sich in mittelalterlichen Reiseberichten entsetzt über die mangelnde Reinlichkeit der Europäer.

Dennoch wäre es falsch zu behaupten, daß das Waschen und Baden für alle Menschen im gesamten Mittelalter nur lästige und selten erfüllte Pflichten gewesen seien. So hatten die Ritter auf den Kreuzzügen Bekanntschaft mit orientalischen Badefreuden gemacht und nach ihrer Rückkehr ihre Burgen mit Badestuben ausgestattet. Meist gab es wenigstens einen Badezuber, der in das Schlafgemach gestellt wurde. Als besonderes Zeichen der Gastfreundschaft galt es, einem Besucher das Bad zu bereiten, ihn mit heißem Wasser zu begießen und ihm das Haar zu waschen. Diese Aufgaben übernahmen nicht immer nur Dienstboten, sondern auch der Burgherr oder seine Gemahlin.

In öffentlichen Badehäusern, die es in vielen Städten gab, konnte gegen ein geringes Eintrittsgeld ein Schwitzbad genommen werden. Auf mittelalterlichen Miniaturen kann man Männer und Frauen beim gemeinsamen Bad in diesen von Badern geleiteten Einrichtungen sehen. Verbreitet waren aber auch Häuser, in denen die Geschlechter getrennt waren. Oft befanden sich die Schwitzbäder direkt am Stadttor, so daß auswärtige Besucher sie sofort nach ihrer Ankunft aufsuchen konnten.

Die Bader hatten auch das Recht, ihre männlichen Gäste zu rasieren; damit keine zu große Konkurrenz zu den Barbieren entstand, war der Besucher allerdings verpflichtet, in jedem Fall ein Bad zu nehmen. Der Bader ließ auch viele Gäste zur Ader oder setzte ihnen Schröpfköpfe – dadurch sollte der Blutkreislauf angeregt werden. Leichtbekleidete Mädchen massierten die Gäste, übergossen sie mit Wasser und schlugen mit Wedeln, um den Schweiß schneller aus den Poren herauszutreiben. Viele Bademädchen erwiesen ihren Gästen Dienste, die

Hochzeiten auf dem Land waren Anlässe zu fröhlichen Feiern, denen ein üppiger Festschmaus voranging (Gemälde von Pieter Bruegel d. Ä.).

über ihre eigentlichen Aufgaben hinausgingen, und so hatten viele Badehäuser und ihre Betreiber im Spätmittelalter einen ausnehmend schlechten Ruf.

TISCHSITTEN

Die Tischsitten im Mittelalter waren ausgesprochen rustikal. So heißt es in *Tannhäusers Hofzucht*, die aus dem 13. Jh. stammt und dem gleichnamigen mittelhochdeutschen Dichter zugeschrieben wird, daß ein vornehmer Mann nicht ins Tischtuch schneuzen solle. Als unschicklich galt es auch, die Suppe vom Löffel zu schlürfen, ein angebissenes Stück Brot in die gemeinschaftliche Schüssel zu tauchen, Knochen abzunagen oder sich bei Tisch in Ohren und Nase zu bohren. Edelleute sollten sich die schmutzigen Hände nicht am Gewand abwischen, sich nicht mit den Ellbogen auf den Tisch stützen, nicht zuviel reden, keine Speisen in das Salznäpfchen tauchen, die Zähne nicht mit

An den Königshöfen kümmerten sich zahlreiche Köche und Küchenjungen um das leibliche Wohl der Herrscher. Oft begleitete Musik das Mahl.

dem Messer reinigen und nicht auf oder über den Tisch spucken. Erlaubt war es jedoch, den Teller zum Mund zu führen, wenn man eine Suppe aß. Das Brot, das häufig zuerst aufgelegt wurde, sollte man erst essen, nachdem das Fleisch aufgetragen worden war – andernfalls galt man als gierig.

Besondere Regeln galten für die aufwendigen Bankette, die zu bestimmten Anlässen auf Burgen oder Schlössern ausgerichtet wurden. Am Hof des französischen Herzogs von Berry (1340–1416) war es üblich, die verschiedenen Gänge in einer

Der portugiesische König Johann I., der 1385–1433 regierte, empfängt vornehme Gäste.

Prozession in den Speisesaal zu tragen. Jedes Gericht wurde zunächst dem Herzog präsentiert und anschließend vorgekostet. Eine Person war ausschließlich für das Schneiden des Fleisches zuständig. Bevor sie sich an diese Aufgabe machte, küßte sie die Serviette des Herzogs. In der Mitte des Tisches stand ein großer Salztopf. Dieser war mit Haifischzähnen verziert, die feucht werden sollten, sobald eine vergiftete Speise serviert wurde.

Beim Auftragen der Speisen galt es, die Hierarchien genau zu beachten. So trug der Mundschenk eine Serviette über der Schulter, wenn er den Herzog bediente. Bei Personen von niederem Rang mußte er diese jedoch abnehmen.

ZEITZEUGNIS

AUCH DAS MITTELALTER HATTE SEINE „KNIGGES"

„Deine Kleidung sollte sauber sein. Sorge dafür, daß dein Gesicht und deine Hände nicht schmutzig sind. Achte darauf, daß dir keine Tropfen wie Eiszapfen aus der Nase hängen, wie man sie im Winter von den Dachsparren und Dachrinnen der Häuser hängen sieht. Deine Fingernägel sollten nicht zu lang oder voller Schmutz sein. Achte darauf, daß dein Haar ordentlich gekämmt ist und daß sich keine Federn oder anderer Unrat darin befinden. Deine Schuhe sollten nicht von Schlamm bedeckt sein. Halte deine Zähne frei von dem gelben Belag, der an ihnen haftet, wenn man sie nicht ausreichend putzt. Sei gewiß, daß es unangebracht und unhöflich ist, sich bei Tisch den Kopf zu kratzen, Flöhe und anderes Ungeziefer zu fangen und dies vor den Augen anderer zu töten. Man kratzt keinen Schorf oder zupft daran, ganz gleich, an welcher Körperstelle er sich befinden mag. Wenn du dich schneuzen mußt, solltest du das Exkrement nicht mit deinen Fingern entfernen, sondern ein Taschentuch benutzen … Wenn du einmal aufstoßen mußt, tu dies so leise, wie es dir möglich ist."

Aus einem französischen Anstandsbuch von 1482

DIE WELT DER ARBEIT

In den Städten gelangten viele Kaufleute und Handwerker zu Wohlstand, die meisten

Bauern jedoch lebten trotz harter Arbeit von Sonnenaufgang bis

Sonnenuntergang in tiefer Armut. Große Strapazen nahmen auch die Ritter auf

sich, die im Auftrag der Kirche ins Heilige Land zogen. Verachtet wurde die

Arbeit der Scharfrichter und Folterknechte, welche die grausamen

Urteile der mittelalterlichen Gerichte vollstreckten.

LEBEN AUF DEM LAND

Im Schweiße ihres Angesichts bestellten die Bauern des Mittelalters ihre Felder mit Hilfe

einfacher Werkzeuge und Maschinen. Vorrang vor der Bearbeitung des eigenen

Bodens hatten jedoch die Frondienste auf den Ländereien des Grundherrn.

D as Leben der Bauern im Mittelalter war von harter Arbeit und zahlreichen Entbehrungen gekennzeichnet, ob sie nun als unfreie Eigenleute oder Freie ihr schweres Tagewerk verrichteten. Die Leibeigenschaft in Westeuropa reicht zurück bis in die von Wirren gekennzeichnete Endphase des Römischen Reiches im 5. Jh. Damals gaben kleine Pachtbauern im Tausch gegen den Schutz mächtiger Herren ihre Freiheit auf, und in den unruhigen Zeiten nach dem Untergang des römischen Imperiums setzte sich diese Entwicklung fort. Um das Jahr 1000 schließlich mußte die überwältigende Mehrheit der westeuropäischen Bauern Frondienste leisten, wobei diese Leistungen entweder schriftlich festgehalten waren oder auf einem ungeschriebenen Gewohnheitsrecht beruhten.

In vielen Ländern gelang es den Bauern, sich im Lauf des Mittelalters von der weitgehenden Abhängigkeit allmählich zu befreien. Diese Entwicklung steht im Zusammenhang mit dem landwirtschaftlichen Fortschritt im 12. und 13. Jh. Zahlreiche adlige Grundbesitzer erkannten, daß sie größere Einnahmen durch die Verpachtung ihres Besitzes als durch die von ihnen selbst betriebene Landwirtschaft erzielen konnten. Die Pächter wa-

Während die Bauern ihren Tätigkeiten nachgehen, pflückt die Gutsherrin einen Blumenstrauß.

Ein Tag im Leben eines englischen Leibeigenen

Godric erwachte noch vor Tagesanbruch. Er spürte die Regentropfen, die sich ihren Weg durch das Grasdach seiner Hütte bahnten, auf der Haut und wußte gleich, daß es wieder ein ungemütlicher Tag voller Arbeit sein würde. Mit einem kurzen Fluch erhob er sich, zog seinen groben Überrock aus Wolle über die Kleider, in denen er geschlafen hatte, band einen Stofflumpen um die Füße und eilte mit weit ausholenden Schritten hinaus aufs Feld. Der Gutsverwalter würde alle zur Rechenschaft ziehen, die zu spät zum Pflügen der herrschaftlichen Felder erschienen.

Bei diesem Wetter war es eine entsetzliche Plackerei, die Ochsen anzutreiben und den Kratzpflug über die schwere, nasse Erde zu führen. Nur wer diese Arbeit zur Zufriedenheit des Herrn erledigte, durfte dessen Ochsengespann einmal in der Woche zum Pflügen des eigenen, gepachteten Landes benutzen.

Als die Glocke der Dorfkirche endlich zum Sanktus läutete, ruhte Godric kurz aus und aß die Brotkruste, die er sich am Morgen eingesteckt hatte. Er mischte sich in das Gespräch der anderen Leibeigenen, die sich über die Aufregungen des vorigen Tages unterhielten. Der Verwalter des Gutsherrn hatte allen Bauern befohlen, einen Wilderer zu suchen, der am Waldrand beim Schlingenlegen gesehen worden war. Nach einer dramatischen Verfolgungsjagd hatten sie den Wilderer ergriffen und ihn in eine Scheune gesperrt. Godric hatte den armen Teufel mit einem Kameraden die ersten Stunden der Nacht bewacht. Morgen bereits sollte er vor das Gutsgericht gebracht werden. Im besten Fall kam er mit einer Geldstrafe davon, wahrscheinlich erwarteten ihn jedoch einige Peitschenhiebe oder Schlimmeres.

Um drei Uhr nachmittags beendete Godric seine Fronarbeit auf den Ländereien des Gutsherrn. Es war Winter, und schon bald würde die Sonne untergehen. Godric trieb schnell die Ochsen in die herrschaftlichen Stallungen und begab sich auf den Heimweg. Zu Hause war noch einiges zu erledigen, vor allem mußte das Schwein gefüttert werden. Godric hatte bereits großen Hunger, doch es würde noch einige Zeit bis zur Abendmahlzeit vergehen. Als Godric alle Arbeiten erledigt und ein Stück Brot, etwas weichen Käse und eine Suppe aus getrockneten Bohnen zu Abend gegessen hatte, fiel er vollkommen erschöpft auf seine Strohmatratze. Morgen brauchte er keine Frondienste für den Herrn zu leisten, sondern durfte das von ihm gepachtete Land bestellen. Wenn es doch nur wenigstens zu regnen aufhören würde …

Hausschlachtung: Mit der flachen Seite einer Axtklinge tötet dieser Bauer eines seiner Schweine.

ren von der Arbeit auf dem Land ihrer Herren befreit und mußten statt dessen Geld und Naturalien bezahlen. Da trotz dieser Entwicklung viele Bauern in den aufblühenden Städten Arbeit und vor allem Freiheit suchten, gewährten zahlreiche Feudalherren den Pächtern eine Reihe von Vergünstigungen. So wurden viele Bauern zu Erbpächtern, und einige erhielten auch die vollständige Freiheit.

Ein schweres Los

Große Abhängigkeit vom Wetter prägte das Leben auf dem Land. Wenn eine oder sogar mehrere Ernten aufgrund von Dürreperioden, Überschwemmungen, einem Brand oder einem Hagelschlag schlecht ausfielen, bestand die Gefahr einer Hungersnot, da es nur wenige Möglichkeiten der Vorratshaltung gab. Neben vielen Hungersnöten, die auf ein kleines Gebiet begrenzt blieben, gab es in Deutschland allein im 12. Jh. deren fünf, die sich alle über zwei oder sogar drei Jahre erstreckten. In solchen Zeiten ließen viele Bauern ihre Höfe im Stich und zogen ziellos umher – in der meist vergeblichen Hoffnung, von anderen Bauern unterstützt zu werden. Auch die Klöster, die von den Hungernden aufgesucht wurden, konnten nur sehr eingeschränkt helfen.

Trotz der immer wiederkehrenden Rückschläge konnten die Bauern im Mittelalter den Ertrag ihrer

Felder kontinuierlich steigern, woran vor allem die Dreifelderwirtschaft und verschiedene technische Neuerungen Anteil hatten. Die positiven Entwicklungen betrafen jedoch nicht alle europäischen Länder in gleichem Maß. So konnte der Streichbrettpflug, der sich für die schweren, nassen Böden nördlich der Alpen hervorragend eignete, für die trockenen und steinigen Böden der Mittelmeerländer nicht verwendet werden. Dort bedienten sich die Bauern des wesentlich leichteren Hakenpflugs, der den Boden kaum aufreißt.

Zu den schwersten Arbeiten auf dem Land zählte die Vorbereitung des Bodens für die Aussaat im Frühjahr und im Herbst. Wenn die Bauern sich keine Zugtiere leisten konnten, mußten sie den Pflug selbst ziehen oder schieben. Die harten Erdklumpen wurden mit kleinen Hämmern zerschlagen, und danach lockerte und glättete man den Boden mit einer Harke. In manchen Dörfern gab es eine Egge, die von allen Dorfbewohnern benutzt wurde. Kinder folgten der Egge und lasen Steine vom Boden auf. Wenn das Land schließlich für die Aussaat bereit war, schnallten sich die Bauern kleine Holzkisten mit Saatgut über die Schultern und streuten den Samen mit der Hand aus.

WIE ES DAMALS WAR

ALLTAG EINES FREIEN BAUERN

Von den ersten Sonnenstrahlen geweckt, die durch die geölten Musselintücher vor den Fensteröffnungen drangen, stand Karl sofort auf. Er weckte seine Söhne, frühstückte eine dicke Scheibe Brot, trank dazu einen großen Schluck Bier und ging dann mit seinen Söhnen aufs Feld. Obwohl es ein Feiertag war, hatte der Priester den Bauern erlaubt zu arbeiten, falls sie rechtzeitig zur Morgenmesse in der Kirche erschienen.

Karl und seine Söhne kamen an dem Steinkreuz am Dorfrand vorbei, bekreuzigten sich und erreichten kurz darauf ihre Wiese. Sie schärften ihre Sensen mit einem Wetzstein und begannen, das lange Gras zu mähen. Nachdem sie drei Stunden ohne Unterlaß gearbeitet hatten, kehrten sie zu ihrer Hütte zurück, um sich ihre guten Röcke anzuziehen. Auf dem Weg zur Dorfkirche bemerkte Karl, daß sich Rinder durch

Männer und Frauen bringen gemeinsam die Ernte ein.

das Loch in der Mauer des Kirchhofes gezwängt hatten und auf den Gräbern weideten. Karl und seine Familie betraten die Kirche, tauchten ihre Finger in das Weihwasserbecken und bekreuzigten sich.

Der Priester predigte in lateinischer Sprache, die keiner seiner Zuhörer verstand. Auf dem kalten Steinboden stehend, schnappte Karl leise Gesprächsfetzen seiner Nachbarn auf, die sich erzählten, daß ein Bienenschwarm im Wald gesehen worden war. Karl versprach, am nächsten Tag mit in den Wald zu gehen, um die Bienen mit einer List in den Bienenstock des Dorfes zu locken. Mit dicken Stöcken wollten sie auf Eisentöpfe schlagen und dadurch die Illusion eines nahenden Gewitters schaffen. Vielleicht würde der Schwarm ja dann im Bienenstock Schutz suchen.

Nach der Rückkehr aus der Kirche überließ Karl das Kochen und die übrigen Arbeiten im Haus seiner Frau und seiner Tochter. Er begab sich in den kleinen Hof hinter der Hütte, um das Schwein mit saurer Milch und Küchenabfällen zu füttern. Danach jätete er etwas Unkraut und dachte an seinen Sohn Franz, der an einem einige Kilometer entfernten Berghang eine Schafherde hütete. Nachmittags ging er wieder aufs Feld. Am Abend aß die Familie Fleisch, Brot und Käse, wozu Bier getrunken wurde.

RECHT UND GESETZ

„Wer das eingesäte Land von jemand anderem umpflügt, der muß für den Schaden aufkommen, wie es das Recht bestimmt, und eine Strafe bezahlen. Jeder, der sein Vieh auf das Feld eines anderen Bauern treibt, der muß für den Schaden aufkommen, so wie es das Recht bestimmt, und drei Schilling Strafe bezahlen. Ist der Besitzer nicht dort, wo das Vieh den Schaden verursacht, kann es gepfändet werden ... Keiner darf selbst einen Hirten haben, der den Lohn des Hirten der Gemeinde verringern könnte ... Alles, was zum Hirten getrieben wird und dieser nicht wieder zurück ins Dorf bringt, muß er erstatten. Falls es ihm Wölfe oder Diebe nehmen, muß er, falls er sie nicht gefangen hat, Hilfe herbeirufen, um Zeugen zu haben. Andernfalls muß er den Schaden erstatten. Wenn ein Tier ein anderes verletzt und man dem Hirten die Schuld dafür gibt, muß er das Vieh, das den Schaden verursacht hat, benennen und die Angelegenheit beschwören. Der Viehhalter muß das verletzte Vieh pflegen, bis es wieder auf die Weide kann."

Aus dem Sachsenspiegel, um 1220

Reichere Bauern ließen den Pflug von Ochsen oder Pferden ziehen, wobei Pferde den Vorteil hatten, daß sie schneller waren. Sie konnten jedoch nicht wie die Ochsen im Joch laufen, da dies die Atmung der Tiere behinderte, wenn sie größere Lasten zu bewältigen hatten. Die größere Leistungsfähigkeit der Pferde kam nur zum Tragen, wenn man ihnen das Kummetgeschirr anlegte, das den Druck beim Ziehen auf die Brust verlagerte. Das Kummet war zwar schon im Frühmittelalter bekannt, doch in gepolsterter Form verwendete man es vermutlich erst im 11. oder im 12. Jh. Durch das Kummet konnten die Pferde eine Zugkraft von mehr als 1000 kg entwickeln.

Trotz der etwa um ein Drittel größeren Arbeitsleistung eines Pferdes im Vergleich zu einem Ochsen hatte das Halten von Pferden nicht nur Vorteile. Der Engländer Walter von Henley befürwortete im 13. Jh. den Einsatz von Ochsen als Zugtiere, weil der Hafer für das Pferd wesentlich teurer sei als das billige Futter der Ochsen. Henley führte noch ein weiteres Argument ins Feld: „Wenn ein Pferd alt und verbraucht ist, besitzt es nichts als seine Haut – doch wenn der Ochse alt ist, kann man ihn für zehn Pence mit Heu mästen, so daß man ihn schlachten und das Fleisch zum gleichen Preis verkaufen kann, wie man das ganze Tier erworben hat."

In Südeuropa gab es große Gebiete, wo das Klima und der Boden zum Anbau von Hafer – der Winternahrung des Pferdes – ungeeignet waren. Im übrigen Europa ersetzte das Pferd jedoch allmählich fast überall den Ochsen.

Zur Erntezeit mußten die meisten Bauern an bestimmten Tagen für ihren Herrn arbeiten. Wenn sie an den heißen Sommertagen auf den gutsherrschaftlichen Feldern schwitzten, hofften sie auf die Fort-

Nur reiche Bauern konnten sich ein Pferdegespann leisten, da Pferde viel kosteten und teuren Hafer fraßen.

Fleißige Bauern beim Stapeln von Korngarben.

Ein Dorf im Mittelalter

Während in den von Mauern umschlossenen Städten des Mittelalters die Häuser dichtgedrängt stehen, errichten die Dorfbewohner ihre Höfe, Stallungen und Hütten im gebührenden Abstand von ihren Nachbarn und vor allem dem Besitz des Gutsherrn. Der Sachsenspiegel, eines der bedeutendsten deutschen Rechtsbücher des Mittelalters, enthält u. a. die Verordnung, daß Schweinestall, Backofen und – falls vorhanden – der Abort mindestens drei Fuß vom Zaun des Nachbarn entfernt sein müssen. So soll dem Übergreifen eines Brandes vorgebeugt und die Geruchsbelästigung vermindert werden. Die Wege bieten ausreichend Platz für Pferdewagen und Ochsenkarren sowie das Vieh, das die Bauern oder ihre Kinder auf die Weiden treiben.

Den Mittelpunkt der mittelalterlichen Dörfer bildet die kleine, manchmal befestigte Kirche, die oft von einem Zaun umschlossen wird. In diesem umfriedeten Bereich begraben die Bauern ihre Toten. In anderen Dörfern liegt der Friedhof oft etwas abgelegen.

In dem hier abgebildeten Dorf sind die einzelnen Grundstücke mit Zäunen voneinander abgegrenzt. Die Allmende, Ländereien am Dorfrand, ist Gemeinbesitz.

Wie in der Stadt gibt es auch im Dorf eine Vielzahl von Handwerkern, darunter Zimmermänner, Tischler, Wagner, Böttcher, Müller und Schmiede. Die besten dieser Handwerker suchen in den aufblühenden Städten des Mittelalters Freiheit von grundherrschaftlichen Bindungen und bessere Lebensbedingungen.

Stall

Scheune

Herrenhaus

Schmiede

Töpferei

Allmende

Bienenstöcke

Bauernaufstände im Mittelalter

Die rücksichtslose Ausbeutung der Bauern durch zahlreiche Grundherren hat im Mittelalter immer wieder zu Aufständen geführt. Oft blieben sie auf ein kleines Gebiet begrenzt, doch manchmal schlossen sich auch die Bauern mehrerer Dörfer zusammen, um für ihre Rechte zu kämpfen. In Deutschland setzten sich Anfang des 13. Jh. die an der unteren Weser und an der Hunte lebenden Stedinger gegen Ritter zur Wehr, die sie zu Frondiensten heranziehen wollten. Nachdem die friesischen Bauern die adligen Herren von ihren Burgen vertrieben hatten, kam es zu Auseinandersetzungen mit der Kirche, die von den Stedingern Abgaben forderte. Als die Bauern sich weigerten, die Forderungen zu erfüllen, erklärte der Erzbischof von Bremen sie kurzerhand zu Ketzern und versicherte sich für seinen erfolgreichen „Glaubenskrieg" gegen die Stedinger der Unterstützung des Papstes.

Im 14. und 15. Jh. häuften sich die heftigen Auseinandersetzungen zwischen Bauern und Grundherren. Obwohl immer mehr Bauern aus der Leibeigenschaft entlassen wurden, litten sie dennoch unter der Abgabenlast, die ihnen auferlegt wurde. So griffen im Jahr 1324 fland-

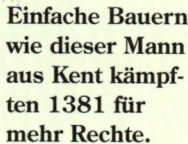

Einfache Bauern wie dieser Mann aus Kent kämpften 1381 für mehr Rechte.

Gleich zweimal zeigt dieses Bild König Richard II. Links beobachtet er, wie der Bürgermeister von London den Bauernführer Wat Tyler tötet. Rechts verhandelt der König mit den Aufständischen.

rische Bauern zu den Waffen, um sich von ihrer hohen Zinslast zu befreien, und 1358 erhoben sich französische Bauern gegen ihre Herren, „die das Reich in Schande gestürzt haben".

Einen großen Aufstand gab es 1381 in England. Um Geld für den Krieg gegen Frankreich aufzubringen, war eine Kopfsteuer erhoben worden. Einige Dörfer in Kent und Essex weigerten sich, diese Steuer zu bezahlen. Die Bauern bewaffneten sich mit Äxten, Messern, Sicheln und Heugabeln und zogen nach London. Die Bauernarmee, die am 13. Juni 1381 die englische Hauptstadt erreicht hatte, wurde von Wat Tyler und Jack Straw angeführt. Die Bauern befreiten John Ball, der wegen aufrührerischer Reden im Gefängnis saß, und töteten den Erzbischof von Canterbury. Der erst 14jährige König Richard II. (1377–1399) ritt den Bauern entgegen, um mit ihnen zu verhandeln. Er versprach die Abschaffung der Leibeigenschaft

und der Kopfsteuer, die freie Benutzung der Wälder und Weiden sowie die Abschaffung der Jagdgesetze, welche die Adligen mit zahlreichen Vorrechten ausstatteten.

Das Treffen fand jedoch ein blutiges Ende, denn der Bürgermeister von London tötete Wat Tyler mit dem Schwert. Darauf ritt der englische König mutig in die Menge der erzürnten Bauern und konnte sie beruhigen. Richard II. dachte jedoch nicht daran, seine Versprechen einzulösen. Er befahl seinen Leuten, das Lager der Bauern anzugreifen. Nach dem Sieg der königlichen Soldaten wurde der Kopf Wat Tylers auf eine Lanzenspitze gesteckt und zur Abschreckung herumgetragen. Die aufständischen Bauern versuchten zu fliehen, doch viele von ihnen wurden von den Truppen des Königs verfolgt und getötet. Die mutmaßlichen Rädelsführer der großen englischen Bauernrevolte, unter ihnen auch John Ball, wurden hingerichtet.

In riesigen Scheunen (oben) lagerten die Naturalabgaben, welche die Pächter in regelmäßigen Abständen den Gutsverwaltern übergaben (rechts unten). Ein Bauer bei der Getreideernte (rechts oben).

dauer des schönen Wetters, damit auch die Ernte auf den kleinen, von ihnen selbst bewirtschafteten Parzellen gut eingebracht werden konnte.

Die Frauen halfen auf dem Feld mit, und sie hatten darüber hinaus auch noch zahlreiche Pflichten im Haus zu erledigen. Sobald die Tiere, mit denen viele Bauern unter einem Dach lebten, aus dem Haus getrieben waren, fegten die Frauen den Boden und fütterten Gänse und Enten, und manchmal gingen sie zu einem nah gelegenen Fluß oder Bach, um

HARTES BAUERNSCHICKSAL

„Als ich vor Kummer weinend meines Weges ging, sah ich einen armen Mann, der einen Pflug führte. Sein Mantel war aus grobem Stoff und seine Kapuze voller Löcher, aus denen das Haar herausschaute. Er ging hinter dem Pflug über den Acker, und seine Zehen ragten aus den abgetragenen Schuhen mit ihren dicken Sohlen. Seine Hose hing lose herab, und er war über und über mit Schlamm bedeckt, als er dem Pflug folgte. Er trug zwei notdürftig gefertigte Stoffhandschuhe …

Seine Frau ging mit einem langen Stock hinter ihm her. Sie trug einen dicken Mantel, den sie hoch geschürzt hatte, und ein flatterndes Tuch, in das sie sich hüllte, um sich vor dem Wetter zu schützen. Sie ging barfuß auf dem Eis, und ihre Füße bluteten. Am Ende der Furche stand ein Körbchen, worin ein kleines, mit Lumpen zugedecktes Kind lag, und zwei Zweijährige befanden sich am anderen Ende, und alle sangen das gleiche traurige Lied, sie alle stießen den gleichen Schrei aus. Es war ein elender Gesang. Der arme Mann seufzte voller Schmerz und sagte: ‚Seid still, Kinder.‘ "

Aus den *Visionen Peters des Pflügers* von William Langland, 14. Jh.

---

die Wäsche zu waschen. Zu den Tätigkeiten der Frauen gehörten auch das Spinnen und Weben. Sobald ein Stück Stoff eine gewisse Größe hatte, brachte man es zum Fluß, wo es im Wasser gestampft wurde. Dadurch lief der Stoff ein und wurde dichter und widerstandsfähiger. Zum Färben verwendete man eine Mischung aus pflanzlichen Farbstoffen.

Auch die Kinder hatten ihre kleinen Pflichten. Sie scheuchten die Vögel von den Feldern, jäteten Unkraut, hüteten kleine Schafherden und suchten im Wald nach Nüssen und Beeren sowie eßbaren Pflanzen und Wurzeln.

AUFSCHWUNG DER SCHAFZUCHT

Durch das Bevölkerungswachstum im 12. und 13. Jh. mußten weitere Anbauflächen erschlossen und die Lebensmittelproduktion erhöht werden. Wälder wurden gerodet, Sumpfgebiete trockengelegt und bereits kultivierter Boden durch den Anbau stickstoffreicher Gemüsesorten fruchtbarer gemacht. Um die Versorgung mit den Grundnahrungsmitteln Brot und Brei zu sichern, mußte der Getreideanbau verstärkt werden. Im 14. Jh. jedoch änderten sich die Verhältnisse infolge der Pest. Die Bevölkerungszahl ging in ganz Europa dramatisch zurück, und es fehlte an billigen Arbeitskräften. Viele Grundherren verzichteten daher auf den arbeitsintensiven Getreideanbau und betrieben Schafzucht. Sie wandelten ihr Land in Weiden um, die sie umzäunten und von einem oder mehreren Schäfern überwachen ließen. Der wirtschaftliche Erfolg ließ nicht lange auf sich warten. In England waren Wolle und Wollstoffe wertvolle Exportwaren, und in Flandern entwickelte sich die Wolle zum wichtigsten Handelsprodukt. In ganz Europa wurde Schafsmilch getrunken, und der Fleischverzehr nahm aufgrund der weitverbreiteten Schaf-

Zwei Frauen vertreiben mit Hilfe eines Frettchens ein Kaninchen aus seinem Bau und fangen es ein (oben). Eine Frau beim Melken einer Kuh (rechts).

zucht stark zu. Als am Ende des Mittelalters die Bevölkerungszahlen wieder anstiegen, fehlte es an Ackerland für den Getreideanbau. Die Schafzucht hatte solche Ausmaße angenommen, daß der englische Staatsmann und Schriftsteller Thomas More Anfang des 16. Jh. über diese Tiere schrieb, sie seien so große Fresser geworden, „daß sie noch den Menschen selbst verschlingen".

EINSAMES SCHÄFERLEBEN

Viele Kaufleute machten durch das Geschäft mit der Wolle ein Vermögen; die Männer, welche die Schafe hüteten, verdienten jedoch nur einen bescheidenen Lebensunterhalt. In den Hochländern Europas führten die Schäfer in den Sommermonaten meist ein abgeschiedenes Nomadenleben. Sie trieben riesige Herden viele hundert Kilometer weit, von Weide zu Weide und von Land zu Land. Die Hirten bildeten eine lose Bruderschaft, der sie sich enger verbunden fühlten als irgendeinem Herrn. Obwohl die Schäfer in manchen Gegenden verachtet wurden und im Gegensatz zu den kräftigen Ackerbauern nicht als richtige Männer galten, war ihr Leben von zahlreichen Gefahren bedroht. Es kam immer wieder vor, daß die Schäfer auf einer einsamen Bergweide von schweren Unwettern überrascht wurden, und die vereinzelten Berghütten, in welchen sie von Zeit zu Zeit übernachteten, boten nur wenig Schutz vor Bären, Wölfen und Luchsen.

Obwohl die Schäfer keine schriftlichen Aufzeichnungen machten, wußten sie immer genau Bescheid, wie viele Tiere sich in ihrer Obhut befanden. Falls sich ein Tier verletzte, waren sie dem Besitzer Rechenschaft schuldig und mußten in manchen Fällen auch Ersatz leisten. Wenn die Hirten ihre Tiere auf fremde Weiden trieben, genügten meist ein oder zwei Schaffelle, um die Aufseher der Ländereien zu beschwichtigen.

Es gab Schäfer, die nur für wenige Tage ihr Dorf verließen und regelmäßig von den Bergwiesen

Technischer Fortschritt: Als Achse dieser Bockwindmühle aus dem 14. Jh., die sich mit dem Wind drehen kann, dient ein Baumstumpf.

zurückkehrten, um Brot und Wein zu holen. Andere blieben monate- oder sogar jahrelang fort und überwinterten in kleinen Steinhütten mit einer Feuerstelle zum Kochen und Heizen. Dieses Wanderleben ließ es kaum zu, eine Familie zu gründen, und so galten die Schäfer als Einzelgänger.

Die Lämmer, die im Winter zur Welt kamen, wurden im Frühjahr entwöhnt. Im Sommer zogen die Schäfer mit ihren Tieren auf höher gelegene Weiden. Nach der Schafschur wurden die Vliese von Maultieren und Eseln in die Täler gebracht.

NEUE PRODUKTE

Mit dem Aufschwung der Städte entwickelte das Bürgertum gehobene Ansprüche, worauf sich die Bauern in der Nähe städtischer Siedlungen rasch einzustellen wußten. Südlich der Alpen bot das milde Klima hervorragende Voraussetzungen für den Anbau von Südfrüchten wie beispielsweise Zitronen und Orangen, die neben den traditio-

Ein holländisches Stundenbuch aus dem 15. Jh. zeigt Schäfer beim fröhlichen Tanz.

DAS BAUERNJAHR

Monatsbilder zeigen die wichtigsten Aufgaben der Bauern von Januar bis Dezember.

Winter

Im Winter mußte der Boden für die nächste Aussaat bestellt werden. Nach dem Pflügen und Eggen säte man im Norden Europas vorwiegend Weizen, Hafer und Roggen und in Südeuropa Weizen und Mais. Im Winter schlachtete man die Tiere, für welche die Futtervorräte nicht reichten. Das Fleisch des geschlachteten Viehs wurde geräuchert oder gepökelt, um es haltbar zu machen. Da es im Winter etwas weniger zu tun gab als in den anderen Jahreszeiten, hatte man genügend Zeit zum Reparieren von Werkzeugen und Maschinen.

Frühling

Im Frühling mußte erneut gepflügt werden. Die Obstbäume wurden zurückgeschnitten und die Hecken gestutzt, um ein dichteres Wachstum zu fördern. Schafe und Rinder, die man über den Winter gebracht hatte, trieb man auf die Weiden. Erbsen und Bohnen wurden gepflanzt und Kräuter für die Küche und das Medizinkästchen gepflückt. Den Boden einiger Felder und Ackerstreifen reicherten die Bauern mit schwerer, fruchtbarer Erde an, um so den Ertrag deutlich zu steigern.

Sommer

Im Juni begann die Zeit des Heumachens. Nach dem Mähen, wozu man Sensen benutzte, wurde das Heu immer wieder gewendet, um zu gewährleisten, daß es vollständig getrocknet war, bevor man es schließlich zu Heuschobern zusammenharkte und aufschichtete. Ein Mann hatte die Aufgabe, darüber zu wachen, daß die Rinder den jungen Getreideschößlingen fernblieben. Der Sommer war auch die Zeit der Ernte von Erbsen und Bohnen. In den Flüssen fing man Fische, die über dem glühenden Feuer gegrillt wurden.

Herbst

Im Herbst nahm die Getreideernte alle Kräfte in Anspruch. Zum Dreschen, bei dem man das Getreide entweder auf dem Scheunenboden oder unter freiem Himmel vom Stroh trennte, benutzte man Dreschflegel, deren Stäbe durch Aalhäute zusammengehalten wurden. Das Trennen des Korns von der Spreu überließen die Bauern den Frauen. Diese warfen das Korn hoch in die Luft, so daß der Wind die Spreu davontrug, bevor sie das Korn in Körben auffingen. Das Korn mußte zur Mühle, die meist außerhalb des Dorfes lag, gebracht werden. Im Wald sammelte man Holz für den Winter und lagerte es neben den Hütten.

nellen Produkten wie Oliven, Wein und natürlich Getreide verstärkt gepflanzt wurden. Auch für die aufkommende Textilindustrie spielte die Landwirtschaft durch den Anbau von Baumwolle, Hanf und Flachs sowie Waid und Safran zum Färben der Stoffe eine wichtige Rolle.

WIND- UND WASSERMÜHLEN

Für viele Arbeiten auf dem Land setzte man Wasserkraft ein; die außerhalb der Dörfer gelegenen Kornmühlen zogen zahlreiche Bauern an, die sich vom Müller ihr Korn mahlen ließen und diesen mit einem Teil des Mehls bezahlten. Oft kamen an einer Mühle so viele Leute zusammen, daß lange Wartezeiten entstanden. Weil immer wieder Dirnen versuchten, unter den Wartenden Kundschaft zu finden, drohte der einflußreiche Zisterzienserabt Bernhard von Clairvaux im 12. Jh. sogar mit der Schließung der Mühlen. Dabei waren es gerade die Zisterzienserklöster, die viele Arbeiten von Mühlen verrichten ließen. In einem Dokument aus dem 13. Jh. preist ein Mönch aus Clairvaux die Vorzüge der Wasserkraft: „Um das Getreide mit den Mühlsteinen zu zerstoßen und um mit dem Sieb die Kleie vom Mehl zu trennen, wird die Kraft des Wassers genutzt. Schon hat es das nächste Gebäude erreicht und füllt den großen Kessel … Aber dies sind noch nicht alle Aufgaben des Wassers. Neben den Mühlen befinden sich die Walken, die vom Wasser ihren Tribut fordern. Erst sorgte es für die Nahrung der Menschen und dann für ihre Kleidung, und nichts, was man von ihm verlangt, verweigert es … Wie viele Pferderücken und Männerarme würden von der Last zerdrückt, die uns der Fluß abnimmt. Wie könnten wir ohne ihn für unsere Kleidung und für unsere Nahrung sorgen. Und für alle Arbeiten, die er für uns verrichtet, erwartet er keinen anderen Lohn, als daß wir ihn danach wieder frei ziehen lassen."

Auch in anderen Ländern erkannte man die Vorzüge der Mühlen. Im *Domesday Book*, das auf Anordnung Wilhelms des Eroberers 1086/87 entstand und eine genaue Bestandsaufnahme des Landbesitzes in den englischen Grafschaften darstellt, sind auch die Mühlen verzeichnet. Auf insgesamt rund

Als im 13. Jh. die Kathedrale der französischen Stadt Troyes (ganz oben) errichtet wurde, schafften Pferdegespanne Tonnen von Steinen heran und bewältigten Tag für Tag rund 50 km. Ein Pferdegespann zieht einen Erntewagen bergauf (oben).

9000 Güter, die von fast 300 000 Pächtern bewirtschaftet wurden, kamen mehr als 5000 Mühlen.

Seit dem 12. Jh. baute man zunehmend Windmühlen, eine Neuerung, die durch die Kreuzzüge im Heiligen Land auch in Europa bekannt wurde. Da der Wind ständig seine Richtung wechselt, erfand man drehbare Mühlen, bei denen der gesamte Aufbau mit Rädern und Mahlwerk auf eine feststehende Basis gesetzt wurde. Windmühlen entstanden vorwiegend in Gegenden, wo es keine Flüsse mit starker Strömung gab.

HANDWERKER UND KAUFLEUTE

In Gilden und Zünften zusammengeschlossen, schufen unternehmungsfreudige

Händler und fleißige Handwerker die Voraussetzungen für den raschen

wirtschaftlichen Aufschwung der mittelalterlichen Städte.

D as Leben in den deutschen Städten des Mittelalters besaß im 11. und teilweise auch noch im 12. Jh. zahlreiche Gemeinsamkeiten mit dem Alltagsleben der Landbevölkerung. Viele Stadtbewohner waren Ackerbürger, die ausschließlich Landwirtschaft betrieben; ihre Felder lagen vor den Stadtmauern, während sich die Ställe in der Stadt befanden. In den engen Gassen, durch die sich die Fuhrwerke zwängten, vermischten sich die Exkremente des Viehs mit dem Kot der Menschen, und besonders an den heißen Sommertagen war der beißende Gestank unerträglich.

In den aufstrebenden städtischen Siedlungen des Mittelalters lebten viele Menschen auf wenig Raum. Die Stadtmauern erwiesen sich oft als Umklammerungen, und in vielen Städten mußte der Mauerring mehrfach erweitert werden, um die Enge nicht allzu bedrückend werden zu lassen. Dennoch nimmt sich selbst am Ende des Mittelalters die Einwohnerzahl der deutschen Städte im Vergleich zu heute noch recht bescheiden aus: Köln mit annähernd 40 000–50 000 und Straßburg, Lübeck und Nürnberg mit rund 30 000 Einwohnern waren damals die größten deutschen Städte. In der Großstadt Paris lebten zu dieser Zeit etwa 200 000 Personen, in Neapel drängten sich ca. 150 000 Menschen, und die englische Hauptstadt London beherbergte ungefähr 50 000 Einwohner.

HAUSFRAUENDASEIN IM MITTELALTER

„Eine gute Hausfrau hat über das ganze Haus zu wachen. Sie kümmert sich um den Getreidespeicher und hält ihn sauber. Sie sieht nach den Ölkrügen und überlegt, was weggeworfen und was aufgehoben werden muß. Sie schaut nach dem frisch eingesalzenen Fleisch und dem schon länger gepökelten. Sie säubert das Fleisch und entscheidet, welches verkauft und welches selbst verzehrt wird. Sie sorgt dafür, daß der Flachs gesponnen und das Leinen gewebt wird ...“

San Bernardino, italienischer Priester des 15. Jh.

Diese italienische Hausfrau füllt Essig aus einem Faß in einen Krug.

„Schicke morgen früh aus San Chiara den kleinen Topf mit getrockneten Rosinen und das Brot zurück. Und schicke auch das Essigfaß... Denke daran, die Beine und die Hufe des Maultiers mit heißem Wasser zu waschen, und achte darauf, daß es gut gepflegt wird ... Gib dem Pferd etwas Hirse und achte darauf, daß sie gut zubereitet ist ... Und sorge dafür, daß die beiden Fässer Wein im Haus Bettinas rasch verkauft werden, und fülle all die anderen Fässer im Keller mit dem Weißwein ...“

Brief des Kaufmanns Francesco di Marco Datini an seine Frau

Schon im 15. Jh. war der Hamburger Hafen ein bedeutender Umschlagplatz für Waren aus aller Welt.

Insgesamt gab es im Spätmittelalter rund 20 deutsche Städte mit mehr als 10 000 Einwohnern, darunter Hamburg, Rostock, Frankfurt, Augsburg und Worms.

ARM UND REICH

Die Besitzverhältnisse in den Städten waren sehr unterschiedlich: Den wohlhabenden Patriziern, denen der Stadtadel, die Beamten des Stadtherrn und die reichen Fernkaufleute angehörten, standen Krämer, zahlreiche in unterschiedlichen Zünften organisierte Handwerker, Ackerbürger sowie Bettler gegenüber. Und darüber hinaus weilte oft auch „fahrendes Volk" in der Stadt, Gaukler, Spielleute, Diebe und Dirnen, die allerdings nie lange an einem Ort blieben.

Auf der untersten Stufe der sozialen Leiter standen nicht

die Bettler, dort hatten die Leprakranken ihren Platz. Diese „Aussätzigen" wurden in einfache Häuser und Hütten vor den Toren der Stadt verbannt. Wenn sie zum Betteln in die Stadt kamen, trugen sie das weiße „Lazaruskleid" und eine Klapper, damit ihnen niemand ungewollt zu nah kam.

Waren die Aussätzigen aufgrund ihrer Krankheit isoliert, so standen einige Stadtbewohner wegen ihres Berufes am Rand der städtischen Gemeinschaft. Zu den mißachteten Berufsgruppen gehörten die Scharfrichter, Schinder und mit der zunehmenden Verwahrlosung der öffentlichen Bäder auch die Bader. Die Henker, die eine gute Bezahlung für ihren schlechten Ruf entschädigte, wurden allgemein gefürchtet. Die Gesetze im Mittelalter waren so streng, daß die Scharfrichter niemals Angst haben mußten, arbeitslos zu werden. Für einen kleinen Diebstahl wurde die Hand abgehackt, und andere Vergehen bestrafte man mit dem Blenden der Augen, dem Abschneiden der Ohren oder dem Ausreißen der Zunge. Für jede dieser „Arbeiten" bekam der Henker eine genau festgelegte Summe, die seinen festen Lohn ergänzte.

Galt es schon als böses Omen, sich dem Henker zu nähern oder ihn gar zu berühren, so wurde die Nähe des Schinders noch mehr gefürchtet. Wer einen Schinder berührte, lief Gefahr, aus der Gemeinschaft der „ehrlichen Leute" ausgeschlossen

Mit Hilfe einfacher Werkzeuge schufen die Gold- und Silberschmiede des Mittelalters neben großen Pokalen auch so manches filigrane Kleinod.

zu werden. Der Schinder hatte eine Fülle unangenehmer Aufgaben zu verrichten: Er tötete krankes Vieh und siechende Haustiere, zog den Tieren die Haut ab und war für die Beseitigung der Kadaver verantwortlich. In einigen Orten mußte der Schinder, der oft auch Abdecker genannt wurde, darüber hinaus die Jauchegruben reinigen.

KRÄMER UND HANDELSHERREN

Großen Anteil am Entstehen der großen Städte des Hochmittelalters hatten die Kaufleute; oft ging eine Kaufmannssiedlung in der Nähe einer Burg der Gründung einer Stadt voraus. Die Fernkaufleute, die in den ummauerten Siedlungen überwinterten, schlossen sich zu Schwurbrüderschaften zusammen. Die Mitglieder dieser Vereinigungen reisten gemeinsam und waren zu gegenseitiger Unterstützung verpflichtet. Die Schwurbrüderschaften waren Vorläufer der seit dem 10. Jh. gegründeten Gilden, genossenschaftlicher Vereinigungen, welche die Interessen ihrer Mitglieder nach innen und außen vertraten.

Nach dem Vorbild dieser Organisationen bildeten auch die Krämer, die städtischen Einzelhändler, Gilden. Diese waren häufig nach Berufszweigen unterschieden – die Krämer boten in ihren Läden nämlich keine breite Warenpalette an, sondern hatten sich auf ein bestimmtes Produkt spezialisiert. So gab es neben vielen anderen die Gilden der Eisenkrämer, der Ledermänner, der Pfeifenkrämer, der Mehlmänner oder der Seidenkrämer. Sie verkauften ihre Erzeugnisse auf kleinen Märkten, an die heute noch Straßennamen wie u. a. Korn- oder Salzmarkt erinnern. In einigen Städten errichtete man in der Nähe des Marktplatzes Kaufhallen, in denen bestimmte Gilden ihre Waren präsentierten. Die größten dieser oft zweistöckigen Gebäude boten mehr als 100 Kaufleuten Platz.

Die Mitgliedschaft in einer Gilde war Pflicht, wollte man in einer Stadt Handel treiben. Wer ihr

Außerhalb der Stadtmauern bieten Höker ihre Waren an (oben). Die Angestellten eines Kaufmanns prüfen die Geschäftsunterlagen (oben links).

angehörte, mußte seine Produkte immer wieder Kontrollen unterziehen lassen, so daß Betrug weitgehend ausgeschlossen wurde. Bei Verstößen gegen die Regeln der Gilde wurden harte Strafen verhängt, die bis zum Ausschluß reichten. Die Gildemitglieder mußten nicht nur die Gebote ihrer

HÄTTEN SIE'S GEWUSST?

Obwohl die Handwerkerzünfte die Zahl der Meister und der Lehrlinge begrenzten, gab es besonders in den größeren Städten ein Überangebot an Arbeitskräften. Weil die Meister diese Situation ausnutzten, um die Löhne zu drücken, kam es schon im Mittelalter zu zahlreichen Streiks. In Speyer legten Mitte des 14. Jh. die Webergesellen die Arbeit nieder, und erst nach mehreren Angeboten der Meister lenkten sie ein.

Ein ungewöhnlicher Anlaß führte im 15. Jh. zu einem zehnjährigen Streik der Bäckergesellen von Colmar. Sie kämpften für ihren Platz an der Spitze einer Festprozession, der ihnen von anderen Zünften streitig gemacht wurde. Da sich die Zünfte der Nachbarstädte mit den Colmarer Bäckergesellen solidarisierten, gab die Stadt schließlich nach.

eigenen Organisation beachten, sie unterlagen darüber hinaus der Aufsicht der städtischen Behörden. Besonders sorgfältig geprüft wurden die Lebensmittelhändler, und es gab zahlreiche Vorschriften, welche die Qualität und vor allem die Frische der Waren zum Inhalt hatten. Einige Städte verboten, Fische vom Vortag zu verkaufen, oder verlangten, daß nicht frische Ware besonders gekennzeichnet werden mußte. Die Mitgliedschaft in einer Gilde war jedoch nicht nur mit Zwängen und Auflagen verbunden, sondern brachte auch erhebliche Vorteile, darunter vor allem den Schutz vor ortsfremder Konkurrenz. Nicht fest in der Stadt ansässige Kaufleute durften innerhalb der Stadtmauern und in der städtischen Bannmeile keine Waren verkaufen.

Die Geschäfte der Krämer waren oft Familienbetriebe; manchmal beschäftigte man einen oder seltener zwei Gesellen. Es gab zwar große soziale Unterschiede zwischen den verschiedenen Krämern, doch immensen Reichtum konnte ein kleiner Kaufmann nicht anhäufen. Dies blieb den Großhändlern vorbehalten, die mit dem wachsenden wirtschaftlichen Erfolg ihrer Handelsunternehmungen oft auch großen politischen Einfluß erlangten.

Zu den erfolgreichsten Kaufleuten des Mittelalters zählte der Italiener Francesco di Marco Datini, der im 14. Jh. Handelshäuser in vielen europäischen Städten besaß. Er handelte u. a. mit englischer Wolle, venezianischer Seide, Leder aus Córdoba, Orangen aus Katalonien und Schafhäuten aus Pisa. Zum Transport der Waren mietete er ganze Schiffsflotten, die er von Eskorten bewaffneter Galeeren vor Piratenüberfällen schützen ließ. Auch in Deutschland erwarben erfolgreiche Kaufmannsgeschlechter Vermögen und Ansehen,

Dieses prächtige Trinkgefäß aus vergoldetem Silber zeugt von der Meisterschaft mittelalterlicher Handwerker.

Die Besitzer eines Juweliergeschäftes präsentieren ihrer Kundschaft wertvolle Edelsteine.

Rote oder schwarze Zahlen? Ein Buchhalter prüft sorgfältig, ob die Bilanz stimmt.

darunter auch die Familie Tucher in Nürnberg und die Welsers und Fuggers in Augsburg. Eine der reichsten Kaufmannsfamilien des Mittelalters, die Wittenborgs aus Lübeck, verfügte Mitte des 14. Jh. über das damals unvorstellbar große Vermögen von rund 1 Mio. Mark. Wie die Krämer hatten sich viele Großkaufleute zu Gilden zusam-

mengeschlossen. Diese einflußreichen Organisationen kümmerten sich u. a. um die Sicherung der Handelswege.

ZÜNFTIGES HANDWERKERLEBEN

Der Aufschwung der Städte im Mittelalter ist mit dem Wirken der Kaufleute eng verknüpft, doch ebenso wichtig für ihre Entwicklung ist der Beitrag der Handwerker. Anfänglich noch ohne genossenschaftliche Bindung arbeitend, schlossen sie sich schon früh zu religiösen Bruderschaften zusammen. Aus diesen Vereinigungen gingen seit Beginn des 12. Jh. die Zünfte hervor, die nicht nur die materiellen Interessen der Handwerker vertraten, sondern durch ein enges Gemeinschaftsleben auch große soziale Bedeutung hatten. Die Zünfte trugen die Kosten, wenn ein Mitglied krank wurde und für seinen Aufenthalt im Spital nicht aufkommen konnte, und sicherten die Altersversorgung mittelloser Handwerkerwitwen. Obwohl die Zünfte ehrbare Organisationen waren, die über den Ruf ihrer Mitglieder wachten, gehörte zum Handwerkerleben auch das fröhliche Feiern unter Zunftgenossen. Noch heute spricht man ja von einem „zünftigen" Fest, wenn Freunde ausgelassen zusammen feiern.

ZEITZEUGNIS

DER WEG ZUM ERFOLG

„Wenn du in der Marktstadt bist, sei höflich und zuvorkommend, dann wirst du dir die Freundschaft aller guten Menschen sichern. Gewöhne dir an, früh am Morgen aufzustehen und als erstes in die Kirche zu gehen … Wenn du in der Stadt fremd bist, beobachte genau, wie die Kaufleute mit dem besten Ruf ihre Geschäfte führen. Du mußt die Ware, die du kaufen willst, vorher sorgfältig prüfen, um dich zu vergewissern, daß sie gut

und fehlerlos ist. Bitte einige vertrauenswürdige Männer, dir als Zeugen für den Abschluß des Geschäftes zu dienen.

Du solltest mit deinen Geschäften bis zum Frühstück oder auch bis zum Mittag beschäftigt sein. Nimm dann eine Mahlzeit ein. Nach dem Essen kannst du entweder ein wenig ruhen oder umherbummeln – um dir die Zeit zu vertreiben und um zu sehen, wie sich gute Kaufleute beschäftigen, aber

auch, um dich zu informieren, ob neue Waren in die Stadt gekommen sind, die einen Kauf lohnen.

Vergiß bitte nicht, daß du dich, immer wenn du eine Stunde Zeit hast, mit deinen Studien beschäftigen sollst … Und meide folgendes wie den Teufel: das Trinken, das Schachspiel, die Dirnen und das Würfeln um Geld."

Anonymer Rat an einen norwegischen Kaufmann (13. Jh.)

Ein bebildertes Traktat über die sieben Todsünden zeigt Geld hortende Bankiers als Symbol der Habsucht.

Die Zünfte bestimmten die Zahl der Meister, die in einer Stadt arbeiten durften, und schrieb diesen vor, wie viele Lehrlinge erlaubt waren. Diese künstliche Steuerung der Handwerkerzahlen in den verschiedenen Berufen sicherte jedem Meister sein Auskommen. Daß die Ausschaltung existenzgefährdender Konkurrenz nicht zu nachlässiger Qualität der Arbeit führte, stellten ständige Prüfungen sicher. Viele Zünfte besaßen eine eigene

Während der Grundanstrich der Häuser vom Tüncher ausgeführt wurde, oblag dem Maler die dekorative Gestaltung der Fassaden und Inneneinrichtung.

Gerichtsbarkeit und verhängten harte Strafen, wenn gegen die Gesetze der Zunft verstoßen wurde. Der Ausschluß aus einer Zunft kam praktisch einem Berufsverbot gleich, denn die Zünfte nutzten ihre sehr guten Verbindungen zu den Handwerkervereinigungen in den anderen Städten, um die Wiederanstellung eines Ausgestoßenen zu verhindern.

Wie die Krämer einer bestimmten Gilde wohnten auch die Mitglieder einer Handwerkszunft oft in denselben Straßen oder Vierteln. Außerhalb des Stadtzentrums oder sogar vor der Stadtmauer betrieben die Bäcker und Bader ihr Gewerbe – wenn bei ihnen ein Feuer ausbrach, konnte es nicht so leicht auf andere Häuser übergreifen.

REINE MÄNNERSACHE?

Die meisten Zünfte nahmen nur Männer auf, Frauen und Mädchen blieb der häusliche Bereich vorbehalten. Doch gab es auch Handwerksberufe, die von Frauen ausgeübt wurden. So waren die Kölner Garnspinnerinnen in einer Zunft organisiert, und in Basel nahm die Zunft der Weber Frauen auf.

Da die Zahl der Meister begrenzt war, mußten fast alle Handwerker mit dem Gesellendasein vorliebnehmen. Ihr Arbeitstag dauerte im Winter zehn bis zwölf und im Sommer oft sogar 14 und mehr Stunden.

HOSPIZE UND GASTHÖFE

Unterkunft und Verpflegung fanden die Reisenden an den großen

Pilgerwegen in kirchlichen Herbergen und privaten Rasthäusern.

Aufmerksam beobachtet ein Wirt, wie seinen Gästen Brot und Wein aufgetragen werden (italienische Illustration aus dem 14. Jh.).

Reisen im Mittelalter war mit zahlreichen Mühen und Entbehrungen verbunden. Nur die Wohlhabenden konnten sich den Luxus einer Reise zu Pferd leisten und bewaffnete Männer bezahlen, die sie schützen sollten. Die meisten Reisenden gingen zu Fuß, wobei eine Tagesstrecke von 35 km als außergewöhnlich lang galt und nur bei sehr günstigen Witterungsbedingungen und guten Wegen zu bewältigen war. Wilde Tiere wie Bären und Wölfe machten viele Gegenden unsicher, und Wegelagerer lauerten in der Hoffnung auf reiche Beute insbesondere den Fernkaufleuten auf.

Im frühen Mittelalter gab es nur sehr wenige Unterkünfte, in denen Reisende übernachten und sich für die nächste Wegstrecke stärken konnten. Mit der Zunahme der Pilgerfahrten seit dem 11. Jh. und dem stetigen Aufschwung des Handels entstand jedoch eine immer größer werdende Nachfrage nach Herbergen für Pilger, Kaufleute und andere Reisende.

An den großen Pilgerstrecken nach Rom und Santiago de Compostela kehrten die Gläubigen in Unterkünften ein, die von Mönchen geführt wurden. Mittelalterliche Pilgerführer gaben Informationen über diese Hospize und beschrieben die einzelnen Wegstrecken zwischen den Herbergen. Die Hospize besaßen große, ungeheizte Schlafsäle, und die Verpflegung war ausgesprochen karg. Brot, Brei, Wasser, etwas Käse sowie Bier und Wein dienten zur Verköstigung der hungrigen Gäste. Waren alle Schlafplätze belegt, übernachteten die Pilger in den Kirchen, welche die Wege zu den Wallfahrtsstätten säumten – in Santiago de Compostela, dem Ziel ihrer beschwerlichen Reise, verbrachten die Gläubigen traditionellerweise die erste Nacht immer in der großartigen Kathedrale.

Neben den Hospizen, deren Leitung in den Händen von Mönchen lag, entstanden auch nichtkirchliche Herbergen. Einige von ihnen waren ehemalige Gutshäuser, die

von ihren Besitzern verpachtet worden waren. In diesen Gasthöfen erwartete die Reisenden zwar kein Luxus, doch boten sie mehr Bequemlichkeiten als die spartanischen Mönchshospize. Die meisten Gasthöfe bestanden aus einem großen Saal mit angrenzenden Lagerräumen. Die Gäste aßen an einfachen Tischen, die schnell auf- und abgebaut werden konnten. Die Mahlzeiten waren einfach, aber sättigend: kräftige Eintöpfe, die in einem großen Kessel gekocht wurden, und manchmal auch ein Stück Braten.

Nach dem Abendessen – nur wenige Gasthäuser boten ein Mittagsmahl an – wurden die Tische abgebaut. Die Gäste hüllten sich in ihre Mäntel und begaben sich zur Ruhe – manchmal schliefen sie auf Strohmatratzen, häufiger aber in

Die Besucher eines deutschen Gasthofs stärken sich mit einer einfachen Mahlzeit.

Zwei Männer füllen Wein in die dickbauchigen Korbflaschen ihrer Kunden und verkaufen ihnen Brotlaibe (italienisches Fresko aus dem 15. Jh.).

der Nähe des Kamins auf einem Lager aus Binsen. Das Stroh und die Binsen waren voller Flöhe und Läuse und mit Essensresten sowie Wein und Bierflecken verschmutzt. In manchen Gasthöfen konnten sich die Reisenden in großen Wassertrögen waschen, doch selbst an heißen Sommertagen wurde diese Möglichkeit nicht immer genutzt.

Weil viele Wirte ihre Kundschaft betrogen, rät ein Pilgerführer, der im 12. Jh. verfaßt wurde, den Wallfahrern zur Vorsicht. So warnt er vor den Wirten, die den Wein heimlich mit Wasser verdün-

nen und ihre Gäste erst einen guten Tropfen probieren lassen, bevor sie ihnen dann sauren Wein verkaufen. Vorsicht war auch bei übermäßigem Weingenuß geboten, denn „ein schlechter Wirt schenkt guten Wein aus, damit seine Gäste einen Rausch bekommen und er sie dann in der Nacht bestehlen kann".

Daß Reisende in manch zwielichtiger Herberge tatsächlich um Leib und Leben fürchten mußten, zeigt ein spektakulärer Fall aus England. Dort wurden im 12. Jh. der Gastwirt John Jarman und seine Frau wegen des Mordes an

einem Tuchhändler verurteilt. Der Gast schlief in einem Bett, das über einer Falltür aufgestellt war. Als der Tuchhändler nach dem Essen eingeschlafen war, öffnete der Wirt die Falltür mit einem Hebel, und der Schläfer stürzte in ein Faß mit kochendem Wasser. Die Jarmans gaben zu, im Lauf der Jahre auf diese Weise über 60 Morde verübt zu haben. Sie hatten die Leichen ihrer Wertsachen beraubt, und wenn sich jemand nach einem verschwundenen Gast erkundigte, behaupteten sie, dieser habe sich aus dem Staub gemacht, ohne zu bezahlen.

Im Reich des Glaubens

Gebet und Arbeit waren die Säulen, auf denen das Leben in den Klöstern des Mittelalters

ruhte. Abgeschieden von der Welt und ihren Versuchungen, lebten die Mönche und

Nonnen nach strengen Regeln, die den Zusammenhalt der Gemeinschaft festigten.

Das Alltagsleben der Menschen war im Mittelalter wesentlich enger mit der Religion verknüpft als heute; in Stadt und Land erflehten die Menschen Gottes Segen für ihre Häuser und Hütten, für eine reiche Ernte oder für das Gelingen eines guten Geschäfts. Kein Fest, bei dem nicht Gott gedankt, ein Heiliger oder eine Heilige verehrt oder religiöse Lieder gesungen wurden. Auch die Mißstände der offiziellen Kirche und die oft mehr als lockere Moral der hohen und niederen Geistlichkeit konnten der tiefen Volksfrömmigkeit kaum Abbruch tun. Voller Angst betrachteten die Gläubigen die grotesken Dämonen und Fabelwesen auf den Kirchenportalen und setzten ihre Hoffnung in Jesus Christus, der im Zentrum dieser Bogenfelder thronte.

DIE WELT DER KLÖSTER

An der Verbreitung des christlichen Glaubens in Deutschland hatten im frühen Mittelalter besonders die Mönche großen Anteil. Die Missionstätigkeit des heiligen Bonifatius und anderer angelsächsischer Geistlicher führte im 8. Jh. auch zur Gründung zahlreicher Klöster, deren Bewohner

ihr Leben nach der Regel des heiligen Benedikt von Nursia (um 480–547) richteten. Dieser Begründer des abendländischen Mönchstums verlangte von den „Soldaten Christi", daß sie die Gebote der Armut und Keuschheit befolgten und sich der Autorität des Abtes bedingungslos unterwarfen. Der benediktinische Grundsatz *Ora et labora!*, „Bete und arbeite!", macht deutlich, daß neben der religiösen Andacht, dem Lob Gottes und der strengen Ordenszucht harte körperliche Arbeit das Leben vieler Mönche prägte. Die Benediktregel bildete auch die Grundlage für das Leben in den Frauenklöstern, in denen die Vorschriften meist noch rigoroser ausgelegt wurden als bei den Mönchsgemeinschaften.

Voraussetzung für den Eintritt in ein Kloster war eine meist einjährige Probezeit vor Ableistung der Gelübde. Diese verpflichteten zur Anerkennung der Klosterordnung, zur Abkehr von allem Weltlichen und zum Verbleib im Orden bis an das Lebensende. Wer sich grober Verstöße gegen die Regeln der Gemeinschaft schuldig machte, konnte allerdings vom Abt aus dem Kloster verbannt werden.

Schon wenige Jahrhunderte nach der Gründung des Mutterklosters der Benediktiner, Montecassino bei Neapel, hatten sich viele Mönchsgemeinschaften von den alten Idealen sehr weit entfernt. So gab es immer wieder Reformbestrebungen, welche die Erneuerung des benedikti-

Der Klang der Kirchenglocken ruft die Gläubigen zum Gebet.

Die gen Himmel strebenden Kathedralen des Mittelalters entstanden in oft jahrzehntelanger Gemeinschaftsarbeit. Viele der beteiligten Handwerker waren in Werkstattverbänden, den Bauhütten, organisiert.

nischen Mönchstums zum Inhalt hatten. In Deutschland spielte dabei das im Schwarzwald gelegene Kloster Hirsau eine Vorreiterrolle. Eine Rückkehr zum strengen Mönchstum forderten im 12. Jh. auch die Zisterzienser, deren Ordensstifter Bernhard von Clairvaux (1090–1153) heftige Kritik an der Verweltlichung des Klosterlebens übte.

„MÜSSIGGANG IST EIN FEIND DER SEELE"

Die Zisterzienser gründeten ihre schlichten Klöster meist inmitten von Wäldern und Sumpfgebieten. Sie rodeten weite Flächen und machten unwegsame Sumpfgebiete urbar. Feldarbeit, handwerkliche Tätigkeiten und das langwierige Abschreiben religiöser Schriften im Skriptorium prägten neben dem

Zeremonielle Begrüßung des französischen Königs Karl V. durch den Erzbischof von Reims im Jahr 1365 (links). Ein seltener Anblick: die Vorsteherin eines englischen Frauenklosters zu Pferd (oben).

Gebet und geistlichen Studien den Tagesablauf – Müßiggang, den „Feind der Seele", kannten die Zisterzienser nicht. In der Regel Benedikts heißt es, daß die Brüder, welche die Früchte des Feldes ernten, wahre Mönche sind, da sie von ihrer Hände Arbeit leben, wie es schon die Apostel taten.

Das weitverzweigte Netz der Zisterzienserklöster erstreckte sich auch über Deutschland; zu den bedeutendsten Anlagen zählten die von Eberbach und vor allem Maulbronn. Dem eigentlichen Kloster war eine Reihe von Wirtschaftsgebäuden, wie Schmiede, Wagnerei, Küferei und Mühle, angegliedert. Wie in vielen anderen Klöstern lebten in Maulbronn auch Laien, Klostermitglieder ohne kirchliche Weihen, die vor allem praktische Tätigkeiten verrichteten. Die Maulbronner Zisterzienser achteten auf eine strenge Trennung zwischen den Mönchen und den Laien. Sie speisten in verschiedenen Refektorien, zwischen denen die Küche lag, und in der Kirche schied eine Schranke den Chor der Laien von dem der Mönche.

Die Führung der Klostergemeinschaften oblag dem Abt, der vom Prior und dem Subprior sowie einem Rat erfahrener Mönche unterstützt wurde.

Einen Großteil der Verwaltungstätigkeiten führte der Zellerar oder Schaffner aus, dessen Amt in den großen Klöstern meist von zwei Mönchen, dem Küchen- und dem Kellermeister, wahrgenommen wurde. Für die Aufbewahrung und Pflege der sakralen Gefäße und Gewänder war der Sakristan zuständig, während früher der Kantor und mit Fortschreiten des Mittelalters ein Bibliothekar die wertvollen Bücherbestände des Klosters beaufsichtigten. Der Kantor leitete darüber hinaus den Chor.

Viele Klöster besaßen neben dem eigentlichen, durch Mauern oder Zäune von der Außenwelt abgeschiedenen Kloster noch weiteren Grundbesitz, den sie verpachteten. Die Pächter hatten nicht nur Abgaben zu leisten, sondern waren häufig auch zu Frondiensten verpflichtet und unterstützten die Mönche bei schweren Arbeiten. Zum Unterhalt der Klöster trug der Verkauf von Wirtschaftsprodukten bei, wobei die Preise gemäß einer Forderung des heiligen Benedikt niedriger lagen als bei Anbietern außerhalb des Klosters.

FÜRSORGE FÜR DIE ARMEN

Eine bedeutende Rolle im mittelalterlichen Klosterleben spielte die Wohltätigkeit. Im frühen Mittelalter kümmerte sich der Pförtner des Klosters um die Armen, die an die Klosterpforte klopften und um Hilfe baten. Dafür stand ihm ein Zehntel aller

ORA ET LABORA: DER TAGESABLAUF EINES MÖNCHS

Es ist kurz nach Mitternacht, als Bruder Walter sich schläfrig von seinem einfachen Bett im Schlafsaal des Klosters erhebt. Wie die anderen Mönche, die mit ihm aufgestanden sind, legt Walter seine Kutte an und geht in den Kirchenchor, wo der erste Gottesdienst des Tages (Vigilien) gefeiert wird. Einige Mönche kommen zu spät und müssen sich zur Buße mit dem Gesicht nach unten auf den kalten Steinboden werfen, bevor ihnen der Subprior erlaubt, ihre Plätze einzunehmen. Nach den Vigilien kehrt Walter noch einmal in sein Bett zurück, doch schon um fünf Uhr finden sich die Mönche wieder in der Kirche ein, um die Laudes, das morgendliche Dankgebet, zu sprechen. Nach Anbruch des Tages folgt dann ein weiteres Gebet, die Prim.

Gemäß der Regel des heiligen Benedikt widmet sich Walter nun dem Studium der Bibel, und er vertieft sich so sehr in die Heilige Schrift, daß er fast zu spät in den Kapitelsaal kommt, wo sich wie jeden Tag um neun Uhr alle Mönche zum Gottesdienst treffen. Nach Abschluß der Psalmen wird ein Kapitel aus der Klosterregel vorgelesen, und Abt Burkart, der das Kloster schon seit über 17 Jahren leitet, erkundigt sich, ob einzelne Mönche die Bestimmungen des Ordens mißachtet haben. Ausnahmsweise gibt es heute keine Klagen; in den letzten Wochen

Der Kellermeister prüft die Qualität des Klosterweins.

mußte der Abt immer wieder Ermahnungen und das eine um das andere Mal auch strenge Strafen aussprechen. Besonders die zwei jungen Mönche, die erst vor wenigen Wochen ihr Gelübde abgelegt haben, kommen mit der strengen Ordnung des Klosteralltags noch nicht zurecht.

Nachdem der Abt die Mönche entlassen hat, geht jeder seiner Arbeit nach. Walter eilt in die Schreibstube, wo er schon seit vielen Monaten ein besonders schön illustriertes lateinisches Manuskript abschreibt. Immer wieder taucht er seine Feder in das kleine Faß mit der dickflüssigen Tinte und überträgt voller Sorgfalt Buchstabe für Buchstabe eines Bibeltextes auf das mattweiße Pergament.

Das Mittagsgebet um zwölf Uhr unterbricht die Arbeit, die Walter dann bis zum Essen fortsetzt. Er wäscht sich die Hände und begibt sich in den Speisesaal, wo er gemeinsam mit den anderen Mönchen ein Dankgebet spricht. Während Walter Brot in seine Suppe taucht und dunkles Bier aus der Klosterbrauerei trinkt, wenden sich seine Gedanken wieder der Arbeit zu. Er freut sich, daß er morgen die letzten Verse des Johannesevangeliums abschreiben wird.

Der Nachmittag ist dem Studium religiöser Texte vorbehalten – bis zur Vesper, dem Abendgebet, liest Walter wieder in der Bibel. Kurz nach der Komplet, dem Gebet zur Nacht, geht er gegen acht Uhr ins Bett.

Ein Mönch predigt einer aufmerksamen Zuhörerschar.

Einkünfte des Klosters zur Verfügung. Manchmal wurden Bittsteller auch vorübergehend im Kloster untergebracht. Ihrer Aufnahme ging immer eine zeremonielle Fußwaschung voran. An die weiterziehenden Bettler verteilte man alte Kleidungsstücke, Nahrungsmittel und hin und wieder auch Geld. Die Aufgaben des Pförtners wurden im Verlauf des Mittelalters auf zwei Mönche verteilt. Einer empfing die offiziellen Gäste des Klosters, während der Almosenier sich um die Armen kümmerte.

KAMPF UM JERUSALEM

Im Juli 1099 fällt die Heilige Stadt nach blutigen

Auseinandersetzungen an die christlichen Kreuzritter.

Papst Urban II. ruft 1095 auf dem Konzil von Clermont zum Kreuzzug ins Heilige Land auf (Illustration aus dem 15. Jh.).

In den 70er Jahren des 11. Jh. eroberten die türkischen Seldschuken Syrien und weite Teile von Palästina. Während die Fatimiden, die bisherigen Herrscher über diese Gebiete, den christlichen Pilgern nach Jerusalem mit Toleranz begegnet waren, standen die Seldschuken den Wallfahrern sehr ablehnend gegenüber. Als sie nach der Eroberung Jerusalems auch Konstantinopel, die Hauptstadt des Byzantinischen Reichs, bedrohten, bat Kaiser Alexios I. (1081–1118) Papst Urban II. (1088–1099) um Hilfe gegen die Moslems.

Im Jahr 1095, auf dem berühmten Konzil in Clermont (Zentralfrankreich), rief der Papst die Christen zur Befreiung Palästinas auf: „Allen aber, die ins Heilige Land ziehen, ob sie zu Lande oder auf dem Meer, ob sie durch Seuchen oder im Kampf umkommen, allen sichere ich im Namen des allmächtigen Gottes die Vergebung der Sünden zu. Also auf, ihr Christen! Verkauft eure Habe, rettet eure Seelen!"

So brach in mehreren aufeinanderfolgenden Wellen ein mächtiges Kreuzfahrerheer auf, dessen Krieger vor allem die Franzosen und die Normannen stellten. Die Deutschen folgten dem Ruf des Papstes, der Kaiser Heinrich IV. mit einem Bann belegt hatte, nur in geringer Zahl, und die Spanier kämpften auf der Iberischen Halbinsel gegen die Moslems.

Unter großen Schwierigkeiten, die nicht zuletzt auf die zahllosen Streitigkeiten der Ritter untereinander zurückzuführen waren, erreichte das Kreuzfahrerheer im Juni 1099 Jerusalem. Nach den Berichten eines Chronisten waren von den rund 250 000

Auf einer rund 700 m hohen, steil abfallenden Bergkuppe im Süden des heutigen Staates Syrien erhebt sich der mächtige Crac des Chevaliers (12. Jh.), die berühmteste aller Kreuzritterburgen im Heiligen Land.

Ein mit zahlreichen Flaggen geschmücktes Kreuzfahrerschiff wird für die Fahrt ins Heilige Land ausgerüstet.

ZWIETRACHT

Die bedeutendsten Anführer des Ersten Kreuzzuges mißtrauten sich gegenseitig. Da die Spannungen das ganze Unternehmen gefährdet hätten, marschierten die Heerführer getrennt bis Konstantinopel.

Kriegern, die drei Jahre zuvor in Konstantinopel zusammengetroffen waren, nur noch etwa 15 000 kampffähige Männer übriggeblieben. Die ersten Angriffe der Ritter blieben erfolglos und wurden von den Verteidigern, rund 5000 Kriegern, blutig zurückgeschlagen.

Nachdem die Hoffnungen auf einen schnellen Sieg verflogen waren, beschlossen die Kreuzritter, sich für zukünftige Angriffe besser zu rüsten. In mehrwöchiger Arbeit entstanden mächtige Belagerungs-

Richard I. Löwenherz (1189–1199) im Kampf mit dem legendären Sultan Saladin (1175–1193), der 1187 Jerusalem von den Christen zurückeroberte.

maschinen, mit deren Hilfe die Stadt schließlich am 15. Juli eingenommen werden konnte. Die Kreuzritter metzelten einen Großteil der Bevölkerung nieder, wobei sie weder Frauen noch Kinder schonten.

Herrscher des Königreichs Jerusalem wurde der lothringische Her-

Hoch zu Roß kämpfen helmbewehrte Kreuzritter und Moslems um den Sieg (rechts).

zog Gottfried von Bouillon, der sich weigerte, eine „goldene Krone zu tragen, wo Christus eine Dornenkrone trug". Ein Jahr nach der Eroberung starb er an Typhus.

95

DAS RITTERTUM

In Friedenszeiten Gutsherren und Bauern, leisteten die Ritter ihren Lehnsherren bei Fehden und

auf Feldzügen bewaffnete Unterstützung. Im Auftrag der Kirche zogen sie als Kreuzfahrer

ins Heilige Land, um mit dem Schwert für das Christentum zu streiten.

Die Entwicklung des mittelalterlichen Rittertums ist eng mit dem Aufstieg der Ministerialen verbunden, ursprünglich unfreien Dienstmannen von niederer Herkunft. Sie leisteten Grundherren Hof- und Waffendienste, und viele von ihnen erhielten dafür Lehen, die im Jahr 1037 durch einen Erlaß des Salierkönigs Konrad II. (1024–1039) erblich wurden. Ministeriale, die einträgliche Lehen besaßen, mußten ihre Herren bei kriegerischen Auseinandersetzungen als berittene Kämpfer unterstützen; da Kauf und Unterhalt eines Pferdes mit erheblichen Kosten verbunden waren, waren die Besitzer kleiner Lehen von diesem Dienst befreit.

Im Lauf des 11. und vor allem des 12. Jh. entwickelten sich die zu Pferd kämpfenden Dienstmannen zu einer gesellschaftlichen Gruppe, deren Ansehen rasch wuchs und deren Mitglieder Zugang zum Adel fanden. Bedeutenden Anteil am Aufstieg dieser Ritterschaft hatte die Kirche, die das Idealbild des *Miles christianus* schuf. Die Hauptaufgaben dieses für das Christentum kämpfenden Ritters sah sie im Schutz der Kirche und in der Verbreitung der christlichen Religion mit dem Schwert. So ist die Geschichte des Rittertums untrennbar mit dem Kreuzzugsgedanken verbunden.

RITTERLICHE PFLICHTEN

Im 12. und 13. Jh., zur Zeit der Stauferherrschaft, erlebte das Rittertum seine größte Blüte. Die Ritter besaßen einen Ehrenkodex, der den Schutz von Schwachen, Armen und Frauen umfaßte. Maßhalten, Treue, Selbstzucht zeichneten den idealen Ritter aus, der durch sein „höfisches" Verhalten auch in höchsten Kreisen ein gutes Bild abgab. Tatsächlich hatten jedoch nur wenige Ritter Zugang zu den Fürstenhöfen, und viele von ihnen residierten nicht in stolzen Ritterburgen, sondern bewohnten kleine Steinhäuser. Wenn sie keinen Vasallendienst leiste-

ten oder an einem Kreuzzug teilnahmen, bewirtschafteten die meisten von ihnen ihre Güter und arbeiteten als Bauern.

Die beiden Hauptpflichten der Ritter waren der Dienst für den Lehnsherrn, dem sie absolute Loyalität schuldeten, und der Dienst für die Kirche. Der Treueschwur gegenüber dem Herrn beinhaltete die Zusagen, weder seine Person noch seinen Besitz zu schädigen. Er mußte dessen Gerichtsbarkeit anerkennen und ihm in Rechtsfragen mit Rat und Tat zur Seite stehen. Im Vordergrund stand natürlich die militärische Unterstützung des Herrn, die jedoch zeitlich begrenzt war, wobei der jeweilige Zeitrahmen ausgehandelt werden mußte.

Auch die Kirche zählte auf die Dienstbereitschaft von bewaffneten Kriegern. Sie versuchte, die ständig zunehmenden Fehden zwischen Adligen und kleinen Lehnsleuten, die sich der königlichen Autorität widersetzten, und die Übergriffe gegen Bauern und andere unbewaffnete Bevölkerungsgruppen im 10. und 11. Jh. einzudämmen, und zählte dabei auf die Unterstützung von Rittern. Besonders in Frankreich, wo ein schwaches Königtum die allgemeine Rechtsunsicherheit begünstigte, stützte sich die Kirche auf die militärische Hilfe von Rittern,

REICHE BEUTE

Obwohl die Kirche mit strengen Verboten gegen das Turnierwesen anging, tat dies der Beliebtheit der Wettkämpfe keinen Abbruch. Ein Grund für die Anziehungskraft der Turniere war die Aussicht auf reiche Beute. Wem es gelang, beim Tjost, dem Einzelkampf Mann gegen Mann, seinen Gegner aus dem Sattel zu heben, konnte mit einem „Lösegeld" rechnen. Geschickte Kämpfer verdienten bei einem Turnier enorme Summen. Es kam aber auch vor, daß sich unglücklich agierende Ritter mit einem Großteil ihres Vermögens auslösen mußten.

Von beweglichen Wänden geschützt, rückt das angreifende Heer immer näher an die belagerte Burg heran. Die Verteidiger versuchen, mit Langbögen die gegnerischen Armbrustschützen zu töten (oben). Eine Gruppe bewaffneter Infanteristen (rechts).

deren Schwerter gesegnet wurden. Zu einem Idealbild wurde der christliche Ritter schließlich mit dem Beginn des Ersten Kreuzzugs, zu dem Papst Urban II. im Jahr 1095 auf dem Konzil von Clermont aufrief.

KREUZZÜGE INS HEILIGE LAND

Viele Ritter, die zum Ersten Kreuzzug aufbrachen, waren von Abenteuerlust und Habgier geleitet, doch gab es auch einige, die das Hauptziel in der Vertreibung der türkischen Seldschuken aus dem Heiligen Land sahen. Einer dieser Männer war Gottfried von Bouillon, der Herzog Niederlothringens. Mit einem Heer von rund 1000 Rittern und einer weitaus größeren Zahl von Fußsoldaten brach er im August 1096 auf und zählte knapp drei Jahre später zu den Anführern des Kampfes um Jerusalem, das die Christen trotz heftiger Gegenwehr erobern konnten. Als der „Beschützer des Heiligen Grabes", wie sich Gottfried nannte, im Juli des Jahres 1100 starb, hatten die meisten Kreuzritter schon wieder die Heimreise angetreten. Dennoch gelang es Gottfrieds Bruder Balduin, dem neuen „König von Jerusalem", die Herrschaft der Christen über die Heilige Stadt zu sichern.

Die Kreuzfahrerstaaten im Heiligen Land – neben Jerusalem Edessa, Tripolis und das Fürstentum Antiochia – waren durch äußere Feinde und ständige innere Auseinandersetzungen bedroht. Nach dem Tod Balduins im Jahr 1118 wurde die Situation immer bedrohlicher, und 1144 ging Edessa, das Gebiete beiderseits des oberen Euphrat umfaßte, verloren. Der Verlust dieses ersten, im Jahr 1098 gegründeten Kreuzfahrerstaates löste im Abendland heftige Reaktionen aus. Wieder wurden Vorbereitungen für einen Kreuzzug getroffen, und die treibende Kraft war diesmal der mächtige Abt Bernhard von Clairvaux, der Gründer des gleichnamigen Zisterzienserklosters. Bernhard von Clairvaux gelang es mit seiner ungewöhnlichen Beredsamkeit, eine stattliche Anzahl bedeutender Fürsten für den Zweiten Kreuzzug zu gewinnen. Neben dem französischen König Ludwig VII. (1137–1180) beteiligte sich auch der deutsche König Konrad III. (1138–1152), der sich lange gesträubt hatte, an dem Unternehmen. Zu den deutschen Teilnehmern am Zweiten Kreuzzug zählten auch Herzog Friedrich von Schwaben, der spätere Kaiser Barbarossa, und der Bischof Otto von Freising.

Wie schon Urban II. 1095 in Clermont versprach auch Bernhard von Clairvaux den Männern, die den gefährlichen Weg ins Heilige Land antraten, die Vergebung ihrer Sünden. Sogar Räuber und Mörder rief er dazu auf, ihrem Leben einen neuen Sinn zu geben und sich am Kampf gegen die Moslems zu beteiligen: „Ist es nicht eine hervorragende Gelegenheit, daß Gott Mörder, Räuber, Ehebrecher, Meineidige und andere Verbrecher in seinen Dienst ruft ... Sünder, der Herr ist mit euch und belohnt seine Kämpfer durch die Vergebung ihrer Vergehen und die ewige Herrlichkeit ... Ergreift voller Eifer im Namen Christi die glückbringenden Waffen."

Während des Ersten Kreuzzuges hatte sich der Zorn der Christen nicht nur gegen die Moslems im Heiligen Land, sondern auch gegen die Juden in

Neue Waffentechnik: Ein Artilleriesoldat des 15. Jh. feuert eine Vorderladerkanone ab.

Europa gerichtet. Auch vor dem Zweiten Kreuzzug kam es wieder zu Ausschreitungen, denen Bernhard von Clairvaux jedoch Einhalt gebot und damit Pogrome größeren Ausmaßes verhindern konnte.

Im Mai 1147 brachen die deutschen Kreuzritter in Regensburg auf, einen Monat später folgte das französische Heer. Der Marsch durch Ungarn und den Balkan verlief weitgehend problemlos, doch auf byzantinischem Gebiet kam es immer wieder zu Plünderungen, die den Herrscher des Byzantinischen Reiches, Kaiser Manuel I. (1143–1180), aufbrachten. Als das deutsche Heer im September

---

ZEITZEUGNIS

UNERTRÄGLICHER DURST

„Die Heilige Stadt, die man ihren rechtmäßigen Kindern verweigerte, wurde im Juni belagert, der wegen seiner großen Hitze und Sonnenglut unerträglich ist ... Nicht nur große Flüsse fehlten, sondern auch kleine, frische Quellen ... Unter dieser Glut und der schier unbeschreiblichen Trockenheit hat das christliche Volk bei der Belagerung sehr gelitten. Wenn jemand losgeschickt wurde, um Wasser zu holen, so kam er manchmal unverletzt zurück, manchmal aber geriet er auch in einen Hinterhalt und blieb mit abgeschlagenem Haupt liegen. Das Wasser in den Ziegenschläuchen war häufig schmutzig und voller Blutegel. Aber dennoch mußte man zwei Kupfermünzen für einen Wasserschluck zahlen ... wenn das Wasser auch alt und faul und aus schmutzigen Pfützen oder alten Brunnenschächten geschöpft war. Doch viele vom gemeinen Volk, die vom unerträglichen Durst geplagt wurden, freuten sich über dieses Wasser und schluckten beim Trinken Würmer und Wassertiere hinunter, bis ihnen die Gurgel und der Bauch anschwollen und sie schließlich dadurch starben."

Chronistenbericht von der Belagerung Jerusalems im Jahr 1099

Mit Hilfe von Sturmleitern versuchen Angreifer in eine befestigte Stadt einzudringen (links). Tragbare Schutzgerüste sollten die Pfeile und Wurfgeschosse der Verteidiger abhalten (oben).

wurde bei einem Angriff türkischer Krieger getötet, und nur ein Zehntel der Ritter setzte den Kreuzzug fort. Als Konrad, dessen Heer sich mit dem des französischen Königs vereinigt hatte, wegen einer Erkrankung die Rückreise nach Konstantinopel antrat, übernahm Ludwig die Führung der Ritter und erreichte unter großen Verlusten Antiochia.

1148 trafen der deutsche und der französische Herrscher in Jerusalem wieder zusammen. Beschlossen wurde jedoch nicht die sofortige Wiedereroberung Edessas, sondern der Angriff auf das reiche Damaskus, das mit Jerusalem verbündet war. So verwundert es nicht, daß es selbst im christlichen Lager erhebliche Widerstände gegen diese Pläne gab. Die Belagerung von Damaskus führte nicht zu dem gewünschten Erfolg, im Lager der Angreifer gab es große Versorgungsprobleme, und im September 1147 trat König Konrad die Heimreise an. Im Frühsommer des folgenden Jahres kehrte auch der französische König zurück.

Der Zweite Kreuzzug hatte zahllose Menschenleben gefordert und darüber hinaus den Moslems

1147 Konstantinopel erreichte, fühlte sich der Kaiser nach Drohungen Konrads III. provoziert, und es kam zu bewaffneten Auseinandersetzungen. Da der Erfolg des Kreuzzuges gefährdet war, lenkten beide Herrscher schließlich ein.

Die Franzosen, die den Deutschen gefolgt waren, spürten fast überall das Mißtrauen der einheimischen Bevölkerung, die nach den schlechten Erfahrungen mit den deutschen Kreuzrittern Angst vor weiteren Plünderungen hatten. Ludwig wußte größere Streitigkeiten mit den Byzantinern jedoch zu verhindern, indem er strenge Strafen verhängte, wenn Mitglieder seines Heeres die Bevölkerung beraubten.

Der Kreuzzug, der so hoffnungsvoll begonnen hatte und von den zwei mächtigsten Fürsten des Abendlandes angeführt wurde, nahm nach der Ankunft des deutschen Heeres in Kleinasien einen unglücklichen Verlauf. Ein Großteil des Aufgebots

Die Schäfte von Pfeilen wurden häufig mit brennbarem Material umwickelt und unmittelbar vor dem Abschuß entzündet.

99

WAFFEN DES MITTELALTERS

Um den Rückstoß aufzufangen, legte man den Lauf dieser Muskete auf eine Mauer oder eine andere Stütze.

Das Mittelalter war eine Zeit der Kriege, Kreuzzüge und Privatfehden, und so brauchte ein Waffenschmied nie zu befürchten, arbeitslos zu werden. Außerhalb der Städte trug praktisch jeder freie Mann ständig eine Waffe bei sich, denn auch in Friedenszeiten drohten Überfälle von Wegelagerern und Raubrittern.

Zu den wichtigsten Kriegswaffen zählte die Pike, die im 15. Jh. die Hellebarde als Hauptwaffe des Fußvolks ablöste. Eine Pike besitzt einen bis zu 6 m langen Holzschaft mit einer Spitze aus Eisen. Vor allem diente sie

Mit vielteiligen, schweren Rüstungen versuchten die Ritter sich zu schützen. Eisenkeulen mit dornengespickten Köpfen, Hellebarden und lange, spitze Schwerter zählten zu ihren bevorzugten Waffen.

Dieses Kanonenrohr aus Metallstreifen wird von Eisenringen zusammengehalten.

als Verteidigungswaffe gegen die Kavallerie des Feindes. Wenn diese heranpreschte, erwarteten die in Reih und Glied stehenden Pikeniere sie mit ihren fest in den Boden gerammten Piken. Die scharfen Spitzen befanden sich ungefähr in der Höhe der Pferdeköpfe und glichen einer bedrohlich abweisenden Dornenhecke.

Bevor die Pike an Bedeutung gewann, hatten besonders die Schweizer, die man als die vielleicht besten Infanteristen des Mittelalters fürchtete, zahlreiche Schlachten mit ihren Hellebarden gewonnen. Diese Stoß- und Hiebwaffen, an deren Schaft sich Eisenzacken befanden, glichen mit ihren mächtigen Klingen einer riesigen Axt. Jeder Ritter und Fußsoldat führte außerdem für den Nahkampf einen kleinen Degen mit sich.

Die Krieger schützten sich zu Beginn des Mittelalters mit einem langen Kettenmantel, der den Körper bis zu den Füßen bedeckte und nur Kopf und Hände freiließ. Gegen einen Schwerthieb bot er etwas Schutz, eine spitze Pike durchdrang ihn jedoch leicht. Später bevorzugte man daher die Spangen- und die Plattenrüstung. Die komplette Panzerung wog bis zu 35 kg.

Ein Rüstungsmacher arbeitet voller Sorgfalt an einem vielgliedrigen Kettenhemd.

Den Erfolg in mittelalterlichen Seeschlachten sicherten nicht Kanonen, sondern der Kampf Mann gegen Mann.

die Furcht vor den Christen genommen, die so schmählich den Rückzug angetreten hatten. In Frankreich und Deutschland suchte man nach Schuldigen, und auch Bernhard von Clairvaux wurde mit zahlreichen Vorwürfen überhäuft. Der bedeutendste Propagandist des Zweiten Kreuzzugs machte die Sünden der Kreuzfahrer für das aus christlicher Sicht schmachvolle Scheitern verantwortlich und rief ohne Erfolg zum Dritten Kreuzzug auf.

Der Untergang des christlichen Jerusalem

40 Jahre nach der Rückkehr des französischen Königs aus dem Heiligen Land brach jedoch wieder ein christliches Heer Richtung Jerusalem auf. Der Sultan von Syrien und Ägypten, Saladin (1175–1193), hatte durch seinen großen Sieg

über ein Kreuzritterheer bei den Hörnern von Hattin im Juli 1187 das Schicksal des christlichen Jerusalem besiegelt und die Heilige Stadt wieder in den Besitz der Moslems gebracht. Der Verlust Jerusalems löste im Abendland einen großen Schock aus. Die Könige von Frankreich und England, Philipp II. August (1180–1223) und Heinrich II. (1154–1189), ließen ihren Zwist ruhen und rüsteten ebenso für den Dritten Kreuzzug wie Kaiser Friedrich I. Barbarossa (1155–1190), der schon am Zweiten Kreuzzug teilgenommen hatte. Die englischen Soldaten führte schließlich König Richard I. Löwenherz (1189–1199), da sein Vater noch vor Beginn des Kreuzzuges gestorben war. Voller Zuversicht brachen der englische und der französische Herrscher im Juni 1190 nach Palästina auf – ohne zu wissen, daß der deutsche Kaiser, der schon 1189 seine Truppen Richtung Kleinasien geführt hatte, bereits tot war. Am 10. Juni 1190 war er im türkischen Fluß Salef (Göksu nehri) auf bis heute ungeklärte Weise ertrunken. Barbarossas Heer löste sich danach fast vollständig auf; viele Ritter kehrten zurück nach Deutschland, und nur noch wenige tausend Krieger vereinigten sich unter Führung von Barbarossas Sohn, Friedrich V., Herzog von Schwaben, mit den englischen und französischen Kreuzfahrern. Nachdem Friedrich V. schon im Januar 1191 starb und der französische König sich nicht mit Richard I. Löwenherz auf ein gemeinsames Vorgehen einigen konnte, versuchte der englische Herrscher auf eigene Faust, Jerusalem für die Christen zurückzuerobern. Sein Heer war allerdings nicht stark genug, um eine erfolgversprechende Belagerung der Heiligen Stadt beginnen zu können, und so mußte sich Richard schließlich mit der Zusage Saladins begnügen, den Christen ungehinderten Zutritt zum Heiligen Grab zu gewähren. Im Oktober 1192 trat der englische König, dessen Bruder Johann in England nach der Krone trachtete, die Heimreise an, wobei er in der Nähe von Wien in die Hände seines Feindes Leopold V. von Österreich fiel. Dieser übergab Richard dem deutschen Kaiser Heinrich VI. (1191–1197), der Richard schließlich gegen die Zahlung eines gewaltigen Lösegelds wieder freiließ.

Schon der Zweite und der Dritte Kreuzzug waren ungeachtet der Beteiligung mächtiger Herrscher

Kein Pardon: Ein Pariser Stadtsoldat erschlägt zwei Feinde (oben). Der Langbogen war eine gefürchtete Waffe (links).

und großer Aufgebote von Rittern und anderen kampffähigen Kriegern Fehlschläge, und auch die Kreuzzüge des 13. Jh. wurden nicht mehr von der großen Begeisterung getragen, welche die Christen bei ihrem Sieg im ersten Kampf um Jerusalem beseelt hatte. Der Vierte Kreuzzug (1202–1204) richtete sich ursprünglich gegen Ägypten, jedoch führte er die vom Markgrafen Bonifatius II. von Montferrat und dem venezianischen Dogen Enrico Dandolo befehligten Kreuzritter nicht in islamische Gebiete, sondern vor die Tore Konstantinopels. Der Kreuzzug war aus politischen Gründen umgeleitet worden und hatte dadurch seinen religiösen Hintergrund verloren. Der entthronte Kaiser Isaak II. Angelos und dessen Sohn Alexios, der zugleich Schwager und Schwiegervater Philipps von Schwaben war, sollten mit Unterstützung der „Kreuzfahrer" wieder an die Macht gebracht werden, und der Doge strebte eine Vormachtstellung Venedigs im Mittelmeerraum an. Die Bewohner Konstantinopels leisteten erbitterten Widerstand, doch im Jahr 1204 mußten sie sich den Angreifern schließlich beugen. Die Ritter verwüsteten Konstantinopel und errichteten ein Lateinisches Kaiserreich, das bis 1261 Bestand hatte.

HÄTTEN SIE'S GEWUSST?

Der Ritterschlag und die anschließende Umgürtung mit dem Schwert erfolgten im Spätmittelalter besonders anläßlich von drei großen Ereignissen. Die Ritterwürde wurde auf den großen Hoftagen der Kaiser und Könige verliehen, wobei der Herrscher selbst oder ein bedeutender Adliger die Auszeichnung vornahm. Ein weiterer Anlaß war der Aufbruch zu einer Pilgerfahrt zum Grab Christi in Jerusalem, und schließlich erhob man junge Männer häufig am Tag vor einer großen Schlacht in den Ritterstand.

Bevor Kaiser Friedrich II. im Jahr 1228 zum Fünften Kreuzzug aufbrach, kam es 1212 zum sogenannten Kinderkreuzzug, der nicht den offiziellen Segen der Kirche hatte, aber von geistlicher wie von weltlicher Seite wenig Widerstand fand. So zogen Tausende von Kindern und Jugendlichen unter der Führung eines Jungen aus Köln voll religiöser Begeisterung über die Alpen nach Italien, und von dort aus sollte die Kreuzfahrt mit dem Schiff fortgesetzt werden. Das wahnwitzige Unternehmen war natürlich völlig aussichtslos, und viele Kinder traten wieder den Rückweg an, als sie merkten, daß die Italiener ihnen die Unterstützung verweigerten und sie verlachten. Einige jugendliche Kreuzfahrer sollen jedoch von Pisa aus abgesegelt sein, ohne daß man je etwas über ihren weiteren Verbleib gehört hätte.

Nicht nur ohne den Segen der Kirche, sondern sogar gegen den Willen des Papstes begab sich der mit dem Bannfluch belegte Friedrich II. ins Heilige Land. Der Kaiser wollte damit ein altes Kreuzzugsversprechen einlösen und durch einen Erfolg im Orient seine Macht im Abendland sichern und stär-

ken. Mit seinem großen diplomatischen Geschick und aufgrund der Schwäche der in innere Streitigkeiten verwickelten Moslems gelang es ihm, durch Verhandlungen die Rückgabe Jerusalems zu erreichen. Einige Heiligtümer, darunter der Felsendom, blieben jedoch im Besitz der Moslems. Der Papst kritisierte den ausgehandelten Vertrag; er konnte dem Stauferkaiser nicht verzeihen, daß er entgegen päpstliche Weisung gehandelt hatte. Er belegte Jerusalem mit dem Interdikt, wodurch jegliche Form von Gottesdienst in der Heiligen Stadt untersagt wurde.

15 Jahre nachdem Friedrich II. sich selbst zum König von Jerusalem krönte, fiel die Stadt erneut an die Moslems. In Europa jedoch war die Begeisterung für die Kreuzzugsidee nach den vorangegangenen Fehlschlägen merklich zurückgegangen, und nur der französische König Ludwig IX., der Heilige (1226–1270), war bereit, Jerusalem zurückzuerobern. Doch sowohl der Sechste Kreuzzug (1248–1254) als auch der Siebte Kreuzzug im Jahr 1270, die beide vom französischen

---

ZEITZEUGNIS

DIE MOSLEMS EROBERN EDESSA

Der Anlaß für den Zweiten Kreuzzug (1147–1149) war die Eroberung Edessas, der Hauptstadt des gleichnamigen Kreuzfahrerstaates. Während viele moslemische Chronisten von der Großherzigkeit der Sieger berichten, schreibt ein christlicher Augenzeuge über die Grausamkeit der Eroberer: „Nachdem sich die moslemischen Feinde Zugang zur Stadt verschafft hatten, drangen sie von allen Seiten ein und töteten jeden, der ihnen begegnete, ohne Rücksicht auf das Alter, den Stand oder das Geschlecht zu nehmen ... Sie erwürgten Witwen und Fremdlinge und töteten auch die Waisen. Die Bewohner, die noch kräftig

Die Ritter eines aufgelösten Heeres ziehen plündernd und brandschatzend durch die Lande.

genug waren, flüchteten sich mit ihren Frauen und Kindern in die Burgen ... An dem Eingang entstand jedoch ein solch großes

Gedränge, daß viele dabei elend erstickten. Auch der Erzbischof Hugo und einige Geistliche sollen so den Tod gefunden haben. Leute, die dieses gesehen haben, berichten, daß der Bischof sein Schicksal selbst verschuldete. Er hatte nämlich Unmengen von Geld angehäuft, das er aber nicht seinen Rittern gab, um der Stadt zu helfen. Lieber wollte er seine Schätze für sich behalten ... Daher kam es, daß er für seinen Geiz bestraft wurde und zusammen mit dem gemeinen Volk starb, und falls sich nicht der Allmächtige seiner erbarmt, so ist ihm auch in der anderen Welt ein strenges Gericht gewiß."

König geleitet wurden, blieben erfolglos. 1291 schließlich endete die Geschichte der Kreuzfahrerstaaten im Heiligen Land mit der Übergabe Akkos an die Moslems.

Durch die Kreuzzüge gelangten viele Ideen aus der arabischen Welt nach Europa: Kunst und Wissenschaft des Orient standen damals in großer Blüte, und auch die verfeinerte Lebensart der Mos-

Eine Bibelillustration aus dem 13. Jh. zeigt Ritter im Kontakt mit der Landbevölkerung.

Ein französischer Söldner im Mittelalter

Als der Morgen über der norditalienischen Po-Ebene dämmert, erwacht Aimerigot und streckt seine müden, geschundenen Glieder. Es ist ein erfolgreicher Feldzug gewesen – der Marsch von Frankreich war zwar lang, aber dafür hatten sie reichlich Beute gemacht. Mehr als nur eine Kaufmannskarawane mußte dem waffenstarrenden Söldnerheer Gold, Seide, Pelze, Gewürze und andere Waren überlassen. Das geraubte Gut hatte man in den Städten an Händler verkauft, die einen guten Preis zahlten und überdies keine lästigen Fragen stellten.

Aimerigot und seine Kameraden brauchten unterwegs keinen Hunger zu leiden, denn die französischen und die norditalienischen Bauern hatten sich „überreden" lassen – manchmal ließen sie sich nur durch ein gezücktes Schwert überzeugen –, die Söldner

mit Brot und Fleisch zu versorgen. „Wenn wir weiterreiten", denkt Aimerigot, als er zum Frühstück einen Becher Wein leert, „wird man uns wie die Könige verpflegen, denn das ganze Land zittert vor uns."

Der Befehlshaber der Soldaten – ein Engländer – gilt als einer der besten Generäle des Abendlandes und ist für sein strategisches Geschick berühmt. Die gestrige Schlacht war hart und blutig, doch schließlich hatte sich der Feind einmal mehr der Überlegenheit der diszipliniert kämpfenden Söldner beugen müssen. Voller Zorn über die eigenen Verluste

Söldner teilen sich die Besitztümer toter Kameraden.

hatte man in der besiegten Stadt keinen Stein auf dem anderen gelassen, und weder Frauen noch Kinder entgingen der Mordlust der Söldner. Aimerigot und seine Kameraden verlassen sich darauf, daß ihr Kommandeur mit dem Papst eine Generalabsolution für ihre Sünden aushandeln wird, wie es schon unzählige Male vorher geschehen ist.

lems machte großen Eindruck auf die Kreuzritter. Der zunehmende Luxus in den Ritterburgen des Mittelalters ist nicht zuletzt auf arabische Einflüsse zurückzuführen.

Die Kunst der Kriegsführung
Die Teilnahme an einem Kreuzzug war ein gefährliches Unternehmen, denn auf dem entbehrungsreichen Weg ins Heilige Land lauerten zahlreiche Gefahren. Man mußte immer auf der Hut sein, um nicht in einen Hinterhalt zu geraten. Große Feldschlachten waren im Mittelalter allerdings selten, häufiger hingegen kam es zur Belagerung einer mächtigen Burg oder einer stark befestigten Stadt. Einem Angriff gingen fast immer Verhandlungen voraus, denn Belagerungen waren teuer und erstreckten sich oft über mehrere Wochen, Monate oder sogar Jahre. Eine lange Belagerung stellte nicht nur die Eingeschlossenen vor gewaltige Probleme, deren größtes oft die Versorgung mit

Lebensmitteln und frischem Wasser war, sondern konnte auch im Lager der Angreifer zu schweren Konflikten führen. Die Vasallen wollten möglichst schnell zu ihren Gütern zurückkehren, und mit zunehmender Dauer der Belagerung häuften sich die Spannungen zwischen den Besatzern. Es war daher nicht selten, daß eine Belagerung nach einiger Zeit abgebrochen wurde, weil das Heer der Angreifer durch den Abzug von Rittern zu stark geschwächt war, um weitere, erfolgversprechende Angriffe zu wagen.

Der ritterliche Ehrenkodex schrieb vor, die bewaffneten Verteidiger der Stadt und die unbewaffnete Bevölkerung zu schonen, wenn die Stadt vor Beginn der Kampfhandlungen freiwillig übergeben wurde. Obgleich auch die Angreifer einem gewissen Zeitdruck ausgesetzt waren, versuchten sie häufig, die Verteidiger auszuhungern und dadurch zur Aufgabe zu zwingen. Griff man sofort an, so gab es verschiedene Möglichkeiten, zum Erfolg zu kommen. Häufig verwendete Angriffswaffen waren Brandpfeile, die vor allem in heißen Sommern und zur Erntezeit, wenn die Straßen und Gassen mit Stroh bedeckt waren, gefürchtet wurden. Die Brandpfeile bestanden aus einem Schaft, der mit pechgetränktem Werg umwickelt wurde. Ebenso gefährlich waren Brandbomben, Terrakotta- oder Glasgefäße, die mit Pech, Teer oder Tierfett gefüllt wurden. Während man die kleineren Bomben mit der Hand warf, schleuderte man die großen mit Hilfe von Katapulten in die Stadt oder Burg, wo sie beim Aufprall zerbarsten. Angst und Schrecken verbreitete auch das griechische Feuer, als dessen Erfinder ein Grieche gilt, der im 7. Jh. aus Byzanz nach Syrien kam. Das griechische Feuer, dessen Grundstoff Salpeter war, brannte auch auf Wasser und wurde daher bei Seeschlachten häufig eingesetzt.

Um den Sieg zu erringen, bauten die Angreifer eine Vielzahl von Belagerungsmaschinen, darunter hohe Türme und Katapulte. Den Belagerungsturm, der mit Rädern ausgestattet war, ließ man von Pferden oder Ochsen so nah wie möglich an die Mauer der belagerten Stadt oder Burg ziehen. Der Turm hatte mehrere Plattformen, die durch Leitern miteinander verbunden waren. Von dort aus schossen Bogenschützen ihre Pfeile ab. Mit den Katapulten schleuderte man nicht nur Brandsätze, sondern

Übergabe der Schlüssel für die Stadttore an den Befehlshaber der siegreichen Belagerer.

auch schwere Steine in die belagerte Stadt. Um Breschen in die Mauern zu schlagen, baute man riesige Sturmböcke. Diese Belagerungsmaschinen waren überdacht und schützten so die Männer, die auf den Sturmböcken standen und mit Hilfe von riesigen, mit einer Metallspitze versehenen Baumstämmen die Mauer zu zerstören versuchten.

Waren die Mauern stark genug, um den Rammböcken zu widerstehen, mußten sie untergraben werden. Anschließend zündete man die Holzstreben an, mit denen die Tunnel gestützt wurden, und hoffte darauf, daß der untergrabene Mauerabschnitt einstürzte. Die Verteidiger einer Festung versuchten manchmal, durch das Graben eines eigenen Tunnels eine Verbindung zu dem der Angreifer herzustellen und diese im Schacht zu töten. Eine andere Möglichkeit war, den Tunnel zu fluten, doch meist scheiterte dies am Wassermangel in der belagerten Stadt oder Festung.

Da die Lösung der Lehnsbindungen am Ende des Mittelalters die Aufstellung einer aus Vasallen gebildeten Truppe nicht mehr zuließ, kam es zur Bildung von Söldnerheeren. Da die Söldner, die ihre Kampfkraft gegen Bezahlung zur Verfügung stellten, aus den verschiedensten Ländern stammten, mußte der Kommandeur einer solchen Truppe über starke Führungsqualitäten verfügen, um den Zusammenhalt und die Kampfkraft zu sichern.

DIE WELT DER RITTERTURNIERE

Ihre Kampfkraft stärkten und erprobten viele Ritter auf Turnieren, die seit dem 12. Jh. rasch an Popularität gewannen. Daran konnte auch die Verdammung durch Papst Innozenz auf dem zweiten Konzil von Clermont im Jahr 1130 nichts ändern. Die in den Augen des Papstes „verabscheuungswürdige Belustigung" forderte immer wieder Todesopfer, da sich vor allem im 12. Jh. manches Turnier kaum von einer Schlacht unterschied. Zwar war das Ziel der Ritter nicht die Tötung des Gegners, doch solange mit scharfen Waffen gekämpft wurde, kamen immer wieder schwere Unfälle vor. Und weil zwischen vielen Rittern Spannungen bestanden, die über den Turnierplatz hinausreichten, nutzte der eine oder andere den Wettkampf zu einer persönlichen Abrechnung.

Im Lauf des 13. Jh. bekam der ursprünglich recht ungeordnete Turnierwettkampf immer ge-

Während einer Belagerung der Insel Rhodos, die 1309–1522 von den Rittern des Johanniterordens beherrscht wurde, heben die türkischen Angreifer Schutzgräben aus (15. Jh.).

nauere Regeln, und bei vielen Turnieren durften nur noch stumpfe Waffen verwendet werden. Zu den beliebtesten Wettkämpfen zählte der Tjost, bei dem zwei Männer aufeinander zuritten und versuchten, die Lanze ihres Gegners zu brechen und diesen aus dem Sattel zu heben.

VERMESSUNG DER WELT

Ungeachtet zahlreicher Ungenauigkeiten leisteten die Land- und Weltkarten des Mittelalters den Reisenden wertvolle Dienste.

Im 14. Jh. zeichnete der Italiener Fra Mauro diese Weltkarte, die Europa, Afrika und Asien zeigt.

Land- und Weltkarten waren im Mittelalter wenig verbreitet. Reisende nahmen sich ortskundige Führer oder orientierten sich an den landschaftlichen Gegebenheiten. Die wenigen Karten, die es gab, gingen zum großen Teil auf den alexandrinischen Mathematiker, Geographen und Astronomen Ptolemäus zurück, der im 2. Jh. Erdteil-, Länder- und Weltkarten erstellt hatte. Noch im späten 15. Jh. dienten seine Karten Reisenden zur Orientierung. Und selbst Christoph Kolumbus griff bei seinen großen Entdeckungsfahrten Ende des 15. Jh. auf Berechnungen des Ptolemäus zurück.

Die Weltkarten des Mittelalters durften nicht im Widerspruch zur offiziellen Lehrmeinung der Kirche stehen, daß die Erde eine Scheibe sei, obgleich Ptolemäus schon in seiner *Geographia* geschrieben hatte, daß die Erde eine Kugel ist. Zu den besten und am schönsten gestalteten Landkarten des Mittelalters zählten die der arabischen Kartographen. Schon lange vor den Europäern hatten Araber den Kompaß benutzt, wobei ihre ersten Kompasse aus magnetisierten Eisennadeln bestanden, die auf kleinen Drehzapfen in Holzkästchen montiert waren. Erst im 15. Jh. entdeckten die Kartographen, daß diese Nadeln nicht genau nach Norden wiesen, sondern etwas davon abwichen. Nachdem die Abweichung erkannt war und berechnet werden konnte, wurden die Seekarten immer präziser.

Wegen des großen Einflusses der Kirche lag Jerusalem, die Heilige Stadt, im Zentrum vieler Weltkarten. Der obere Teil der Karten zeigte aufgrund einer kirchlichen Anordnung nicht den Norden, sondern den Osten. Die Maßstäbe dieser Karten wichen von den tatsächlichen Gegebenheiten weit ab und waren daher

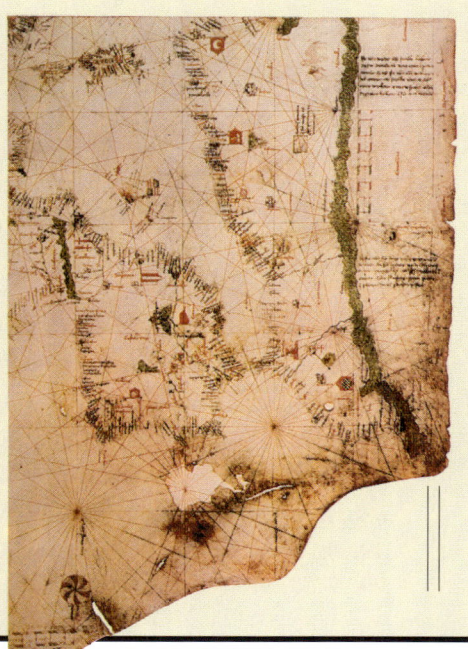

Portolankarte des westlichen Mittelmeeres (14. Jh.): Anders als bei heutigen Karten ist im oberen Bereich nicht der Norden, sondern der Osten des kartographierten Gebiets dargestellt.

Der alexandrinische Geo-
graph Ptolemäus (links)
und die im 15. Jh. entstandene Kopie einer seiner
Weltkarten (rechts).
Ein Astrolabium aus dem
13. Jh. (unten).

zur Orientierung nur sehr
eingeschränkt geeignet.

Eine der bekanntesten
Karten des Mittelalters ist die
Peutingersche Tafel, die im 12. Jh.
entstandene Kopie einer römischen Straßenkarte. Die fast 7 m
lange, aber nur 34 cm hohe Karte
zeigt ein Gebiet, das von den Britischen Inseln bis nach China reicht.
Die Informationen auf der Karte,
die keinen einheitlichen Maßstab
aufweist, sind recht ausführlich,
und zwischen einzelnen Orten sind
sogar Entfernungen eingetragen.

Äußerst hilfreiche Begleiter für
die Seefahrer des Mittelalters waren die von Seeleuten aus Katalonien, Portugal

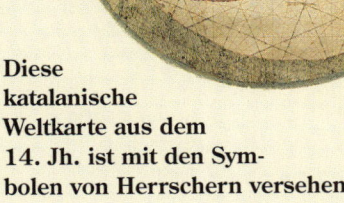

Diese
katalanische
Weltkarte aus dem
14. Jh. ist mit den Sym-
bolen von Herrschern versehen.

und Ita-
lien ge-
zeichne-
ten Porto-
lankarten, die
bis ins 16. Jh. be-
nutzt wurden. Ihren Namen haben
diese Karten von den Portolanen,
den mittelalterlichen Navigations-
anleitungen, die sie ergänzten. Sie
zeigten das Mittelmeer und den
größten Teil der europäischen und
afrikanischen Küste in leuchten-
den Farben auf Pergament aus
Schafs-, Ziegen- oder Kalbshäuten.
Meist bestimmte die natürliche
Größe des Pergaments den Maßstab dieser Karten – die größte
maß 90 mal 60 cm –, die sich im
Stil deutlich voneinander unterschieden. Auf einigen sah
man Fische in den Ozeanen
schwimmen, und auf ande-
ren schmückten die Bilder
von Herrschern die Län-
der. Viele Weltkarten des
Mittelalters basieren auf
den Informationen von Por-
tolankarten, die besonders in
den großen Handelszentren
wie Genua, Venedig, Pisa und Bar-
celona sehr gefragt waren.

Um sich zu orientieren, nutzten
die Seeleute nicht nur verschie-

dene Karten und einen Kompaß,
sondern auch ein Astrolabium.
Dieses Meß- und Beobachtungs-
gerät war bereits seit der Antike
bekannt, und auch von Ptolemäus
ist die Beschreibung eines Astro-
labiums überliefert. Mit diesem
Vorläufer der heutigen drehbaren
Sternkarte konnte die Position der
Gestirne für verschiedene Tages-
zeiten eingestellt werden.

Eine sehr große Bedeutung für
die Kartographie des ausgehenden
Mittelalters hatten die Entdeckungen des Kolumbus.
Innerhalb weni-
ger Jahre ent-
stand eine Viel-
zahl von aus-
gezeichneten
Karten, die den
neuesten Infor-
mationen und Er-
kenntnissen Rechnung
trugen.

Der älteste erhaltene
Erdglobus, den Martin
Behaim 1492, im
Jahr der Ent-
deckung Ameri-
kas, schuf, hat
einen Durch-
messer von
rund 50 cm.

RECHT UND ORDNUNG

Die Gerichtsbarkeit im Mittelalter lag in vielen Händen, und es gab keine

einheitliche Rechtsgrundlage. Dennoch besaßen zahlreiche Urteile eine traurige

Gemeinsamkeit: die unbeschreibliche Grausamkeit der Strafen.

Nach mittelalterlicher Auffassung war das Recht in die göttliche Ordnung eingebunden, doch tatsächlich herrschte meist das Recht des Stärkeren. Viele Adlige waren in Fehden verwickelt und übten Privatjustiz – sie fielen in die Gebiete ihrer Feinde ein, verwüsteten deren Besitz und schreckten selbst vor Mord nicht zurück. Zu den Leidtragenden solcher Auseinandersetzungen zählten auch die Bauern, die im Dienst der betroffenen Grundherrn standen. Ihre Äcker und ihre Häuser wurden nicht immer verschont, und wenn sie sich gegen die Zerstörungswut der Ritter zur Wehr setzten, schlug man sie einfach tot – das Leben eines Leibeigenen zählte wenig in diesen von großer Rechtsunsicherheit geprägten Zeiten.

Die Kirche versuchte die schwächsten Gruppen der Bevölkerung zu schützen, und so entstand Ende des 10. Jh. in Burgund und Südfrankreich, wo es aufgrund des Fehlens einer starken Zentralgewalt zahllose Fehden gab, die Gottesfriedensbewegung. Die Mittel zur Durchsetzung der Bestimmungen, die vor allem Leben und Eigentum von Schwachen und Abhängigen schützen sollten, waren jedoch gering. So wurde auch die im 11. Jh. verkündete *Treuga Dei*, die „Waffenruhe Gottes", oft gebrochen. Sie verbot die Fehde an bestimmten Feiertagen und in der Zeit von Donnerstag bis Sonntag. Auch von weltlicher Seite gab es Bemühungen, die um sich greifende Gewalt einzudämmen. Landfriedensgesetze, die von Landesfürsten, Königen und Kaisern erlassen wurden, sollten das aufkommende Raubrittertum in seine Schranken weisen und Geistliche, Frauen, Kinder und Juden vor Übergriffen bewahren. Auf dem Mainzer Reichstag von 1103 verkündete Kaiser Heinrich IV. einen vier Jahre für das ganze Reich gültigen Frieden. Seinen Besitz sollte verlieren, wer sich den harten Strafen für bestimmte Vergehen wie Diebstahl, Brandstiftung und Totschlag durch Flucht entziehen wollte. Wer die nötige Macht besaß, mußte allerdings auch bei schweren Rechtsbrüchen keine Verfolgung befürchten. Dennoch bedeuteten die Gottes- und

---

VOR GERICHT

„Thomas, Sohn des William, ließ Bartholomew Cottyng in böser Absicht zur Ader und wird zu einer Geldstrafe von 3 Pence verurteilt.

Bertha atte Dove brach in das Haus von Alice Digge ein und wird zu einer Strafe von 2 Pence verurteilt.

Margaret und Alice Otes brachen in den Stall des Grundherrn ein, um vier Schweine zu holen, die dieser gegen eine Schuld und zur Vollstreckung der Gerichtsentscheidung genommen hatte. Strafe: 6 Pence.

John le Wrighte, Andrew Underclynt, Bruder Adam von Derham, Edmund Haldeyn, John Silke, John Speller und Adam Crask machten am Clynt einen ungenehmigten Pfad über Andrew Underclynts Land. Strafe: ein Penny für jeden.

Gericht von Richard Neel, Henry Burgeys, Gilbert Burgeys und William de Waterden an einem Freitag nach Peter und Paul."

Aufzeichnungen des Gerichts von Holkham Manor in der ostenglischen Grafschaft Norfolk, 13. Jh.

„Waffen und Gesetze, diese zwei Dinge braucht ein König zum gerechten Regieren." Diese Erkenntnis steht in einem englischen Gesetzbuch des 13. Jh. (oben). Die Beine festgeschraubt, büßen ein Mönch und eine Nonne für ihre Sünden (rechts).

Landfrieden für die Menschen mehr Sicherheit; viele Adlige fühlten sich allerdings in ihren Freiheiten stark eingeschränkt und achteten die Vorschriften mehr aus Notwendigkeit als aus Einsicht.

Mittelalterliche Rechtsbücher

Bis zum 13. Jh. wurden in Deutschland die meisten Rechtsstreitigkeiten aufgrund von mündlich überliefertem Gewohnheitsrecht entschieden. Obgleich der Kaiser als oberster Gesetzgeber galt, lag die Gerichtsbarkeit in den verschiedensten Händen, und Landes- und Grundherren oder ihre Beauftragten richteten nach unterschiedlichen Gesetzen. Gerichtsverhandlungen gab es auch in den aufblühenden Städten, wobei die Gesetze von Stadt zu Stadt verschieden waren.

Große Bedeutung für die mittelalterliche Rechtsprechung in Deutschland erlangte der *Sachsenspiegel*, ein in den 20er Jahren des 13. Jh. von dem Ritter Eike von Repgow geschriebenes Rechtsbuch. Der *Sachsenspiegel* umfaßte hauptsächlich das überlieferte Gewohnheitsrecht aus dem Nordosten Deutschlands. Stammes- und Lehnsrechtsbestimmungen sind so einleuchtend und klar ver-

ständlich dargestellt, daß der *Sachsenspiegel* Vorbild für zahlreiche weitere Rechtsbücher wie u. a. den *Schwabenspiegel* und den *Frankenspiegel* wurde. Daß Eike von Repgows Rechtsbuch so starke Wirkung entfalten konnte, lag neben seiner Nähe zur verbreiteten Rechtspraxis auch an der

FLUCHT AUS DEM TOWER

Der erste Gefangene, dem es gelang, aus dem Londoner Tower zu entkommen, war Ranulf Flambard, der Bischof von Durham. Man hatte ihn ins Gefängnis geworfen, weil er sich weigerte, das Urteil eines Laiengerichts anzuerkennen. An einem Februarabend des Jahres 1106 hielt er seine Wachen frei, die sich mit Unmengen von Wein bis zur Besinnungslosigkeit betranken. Der Bischof band ein Seil, das er in einem Weinkrug versteckt hatte, an die Stäbe seines Zellenfensters und ließ sich 20 m tief bis zum Boden herabgleiten. Seine Diener, die ihn schon erwartet hatten, brachten ihn zu einem Boot auf der Themse. Der Bischof floh nach Frankreich, wo er vor weiteren Verfolgungen sicher war.

Berufung auf Karl den Großen, der als Urheber der Gesetze des *Sachsenspiegels* angesehen wurde. Eng angelehnt ist die Rechtssammlung aber vor allem an einige Bestimmungen der verschiedenen Gottes- und Landfrieden.

HARTE STRAFEN

Ob auf dem Gut eines Grundherrn oder vor einem Stadtgericht, ob im Dorf oder bei einer Gerichtssitzung unter Vorsitz eines Landesherrn, ob in Deutschland, England oder Frankreich – die verhängten Strafen waren in aller Regel von einer kaum vorstellbaren Grausamkeit. Das häufigste Vergehen, der Diebstahl, wurde oft durch das Abhacken der Hand bestraft. Im *Sachsenspiegel* stand sogar, daß Diebe gehängt werden sollten. Auspeitschungen und Verstümmelungen waren übliche Strafen; manche Missetäter wurden gebrandmarkt, wodurch ihre Schuld für jedermann sichtbar wurde. Kindsmörderinnen mußten damit rechnen, ertränkt zu werden. Man fesselte Arme und Beine der Verurteilten und warf sie von einer Brücke in einen Fluß oder einen See. Wer einen Kindsmord beging, konnte allerdings auch lebendig begraben oder gepfählt werden. Überführte „Hexen" und Ketzer pflegte man zu verbrennen, wobei es eine „Gnade" war, wenn man vorher erwürgt wurde. Eine besonders grausame Strafe war den Falschmünzern

---

WIE ES DAMALS WAR

IM DIENST DES KÖNIGS

Guy de Glympton aus der französischen Stadt Tourn war sich seiner Pflichten voll und ganz bewußt. Ihm oblag „die Durchführung von Verhören gemäß den Paragraphen, welche die Krone und die Würde unseres Herrn, des Königs, betreffen". Dies bedeutete, daß er tagtäglich mit Verbrechern zu tun hatte: Verrätern, Dieben, Brandstiftern, Wucherern, Mädchenschändern, Mördern – eine Liste, die sich endlos fortsetzen ließ.

Guy, der auch die Aufgabe hatte, im Namen der Krone die Abgaben der Pächter einzuziehen und in seinem Bezirk die Interessen des Königs zu wahren, wußte, daß er seine Ernennung der Protektion Walter von Niorts verdankte, des örtlichen Gutsherrn, dessen Ansichten sich oft nicht mit denen des Königs deckten. Seine Ernennung hatte Guy eine beachtliche Geldsumme gekostet, doch er hoffte, sich mit den Gerichtsgebühren schadlos halten zu können.

Ein Großteil der Gerichtseinnahmen ging allerdings an Walter von Niort. Er kassierte von jedem Missetäter eine Geldstrafe, und bei schweren Vergehen zog er auch das ganze Eigentum eines Verbrechers ein. Die Bauern, die darum baten, aufgrund der Gerichtsunterlagen die Frondienste und Abgaben zu ermitteln, die sie zu leisten hatten, mußten eine Gebühr zahlen, die ebenfalls zum größten Teil Walter von Niort kassierte.

Das Tagewerk begann für Guy mit der Einteilung der Männer, die für die Sicherheit im Bezirk zu sorgen hatten. Diese Männer mußten zwischen 15 und 60 Jahre alt sein und gesunde Glieder besitzen – sie sollten auch im Fall eines Aufstands für Ruhe und Ordnung sorgen können. Als nächstes sah er sich die Gefangenen an, die auf ihre Gerichtsverfahren warteten. Dies war eine gute Gelegenheit, um zu prüfen, ob der Gefängniswärter Martyn seinen Pflichten

nachkam. Guy hatte Martyn das Amt des Gefängniswärters vor sechs Monaten verkauft, als das Gericht von Tourn zum letztenmal zusammengekommen war.

Die weitaus meiste Zeit an diesem Tag würde das Einziehen der Pachten für den König in Anspruch nehmen. Guy wußte aus Erfahrung, was ihn erwartete. Es würde die üblichen Bitten um eine geringere Abgabenlast geben und mehr oder weniger demütig vorgebrachte Entschuldigungen, wenn der Pachtzins aus irgendwelchen Gründen nicht vollständig bezahlt werden konnte.

Guy hatte Anspruch auf ein Drittel der Gerichtseinnahmen und würde daher auf der vollen Bezahlung der Pacht bestehen. Ein Vorgänger von ihm hatte mehr für sich behalten und war entlassen worden. Walter von Niort hatte Guy deshalb eindringlich ermahnt, bei der Abrechnung größte Sorgfalt walten zu lassen.

wurden Angeklagte auch zu Sühnezahlungen verurteilt. Fehden konnten dadurch beigelegt werden, daß man für das getötete Mitglied einer feindlichen Familie das sogenannte Wergeld bezahlte.

Eine weitverbreitete Methode zur Ermittlung der Schuld eines Angeklagten war das Gottesurteil. So ließ man Beschuldigte z. B. ein Stück glühendes Eisen anfassen und verband anschließend die verbrannte Hand. Nach einigen Tagen untersuchte man die Hand, und wenn sie ohne Eiterbildung heilte, galt dies als Zeichen der Unschuld.

ÖFFENTLICHE HINRICHTUNGEN

Im Mittelalter wurden die Verfahren öffentlich abgehalten, und auch die Hinrichtungen fanden vor einer Menge von Schaulustigen statt. Mit gebundenen Händen führte man die Verurteilten zum Richtplatz, und manchmal fuhren die Todeskandidaten auch in einem Schinderkarren zur Richtstätte. Während sich der Karren unter dem Johlen und Gröhlen der zahllosen Gaffer seinem Ziel näherte, wurde der Verbrecher mit glühenden Zangen und anderen Folterwerkzeugen gequält.

Die Hinrichtungen glichen ungeachtet ihres Anlasses häufig großen Volksfesten. Fahrende Händler verkauften ihre Waren an die Zuschauer, die den Verurteilten beschimpften und verspotteten. War die Menge sehr aufgebracht, flogen Steine in Richtung des Missetäters.

Während die rotgekleideten Richter die Verhandlung leiten und Gerichtsschreiber Aufzeichnungen machen, warten die Angeklagten auf ihr Urteil (oben). Weinpanscher werden nackt durch die Straßen geführt (rechts).

Verbrecher niederer Herkunft wurden meist erhängt, die Hinrichtung mit der Axt blieb in der Regel Adligen vorbehalten, da sie als „ehrenvoller" galt. Eine besonders grausame Hinrichtungszeremonie ersann Lady Joan Beaufort, die Mätresse des schottischen Königs Jakob I., nach der Ermordung ihres Liebhabers im Jahr 1437. Sir Robert Graham, der Anführer der Verschwörung, wurde mit der rechten Hand an einen Galgen genagelt und durch die Straßen von Edinburg geschleift. Auf dem Richtplatz schlug man ihm heiße Eisendornen in die Arme und in die

zugedacht, die in einem Kessel mit heißem Öl regelrecht gesotten wurden. Verbreitete Strafen waren das Zwicken mit glühenden Zangen und das Blenden der Augen. Gotteslästerern konnte die Zunge herausgeschnitten oder mit einem Nagel durchbohrt werden, und eine oft angewendete Strafe für Diebstahl und andere Vergehen war das Schlitzen oder Abschneiden der Ohren. Manchmal

IM GERICHTSSAAL

William von Pattishall begibt sich in würdevoller Prozession zum Gerichtsgebäude. Nach der Gesetzlosigkeit, die dem Bauernaufstand vor ein paar Jahren gefolgt war, legt er größten Wert darauf, die Autorität von Recht und Gesetz zu unterstreichen.

Die Prozession erreicht den Gerichtssaal, und William schreitet stolz und aufrecht zu seinem Platz. Er ist ein wohlhabender Landbesitzer, und die kommende Woche wird seinen Reichtum noch mehren. Für jede Erläuterung der Gesetze wird er 24 Pence erhalten und darüber hinaus noch vier Pence von den Parteien, die einen Fall erfolgreich abschließen. William ist jedoch nicht geldgierig, ihm geht es vor allem um Gerechtigkeit und die vorbildliche Erfüllung seiner Pflichten.

Am Ende der einjährigen Ausbildung für seine Richtertätigkeit hatte er einen Eid auf die heiligen Reliquien geschworen und versprochen, niemals wider besseres Wissen ein falsches Urteil zu fällen. Er weiß, daß er sein Amt verlieren würde, wenn ihm jemand ein bewußtes Fehlurteil nachweisen könnte.

Die Anhörungen beginnen. Neben mehreren geringen Vergehen wie Wilderei, Prügeleien und kleinen Diebstählen wird auch ein ernsterer Fall verhandelt. Ein Gerber muß sich dafür verantworten, während eines Handgemenges vor einem Wirtshaus einen Arbeiter getötet zu haben. Der Ankläger, ein Bruder des Opfers, hat den Totschlag selbst beobachtet. Der Gerber behauptet, in Notwehr gehandelt zu haben. William muß darüber entscheiden, welche der beiden Aussagen vor Gericht geprüft werden soll – die des Gerbers oder die des Bruders. Die Geschworenen, von denen einige den Vorfall beobachtet haben, glauben dem Gerber nicht und erklären ihn für schuldig.

Oberschenkel. Graham mußte ansehen, wie man seinen Sohn tötete, bevor er selbst gehängt und anschließend geviertelt wurde. Einer seiner Mitverschwörer wurde an den Pranger gestellt und mit einer glühenden Krone gekrönt, welche die Aufschrift „König der Verräter" trug. Einen Tag nach dieser Schmach schleifte man ihn gefesselt durch die Straßen, und am dritten und letzten Tag seiner Qualen band man ihn auf ein Brett und riß ihm bei lebendigem Leib die Eingeweide heraus. Sein Herz wurde ins Feuer geworfen und sein Kopf auf eine Stange gesteckt.

FOLTERQUALEN

Viele Geständnisse wurden mit der Folter erpreßt. Folterungen bei Prozessen gab es auch schon vor der Zeit der Hexenverfolgungen im Spätmittelalter, doch wurden sie erst mit dem Beginn der Hexenprozesse systematisch angewendet. Vor Beginn der eigentlichen Tortur zeigte man dem Angeklagten den Scharfrichter oder Folterknecht mit seinen Marterwerkzeugen. Oft gestanden die verängstigten Beschuldigten schon jetzt. Falls zu diesem Zeitpunkt noch kein Geständnis erfolgt war, entkleidete man die Angeklagten und rasierte sie am ganzen Körper. Danach hüllte man sie in einen Kittel und legte sie auf die Streckbank. Durch vorgetäuschte Schmerzensschreie aus Nachbarräumen versuchte man den Schrecken noch zu steigern, um so das verängstigte Opfer zum Geständnis zu veranlassen. Danach begann die eigentliche Marterung mit dem Anziehen der Daumenschrauben, woran sich immer grausamere Foltermethoden anschlossen, die häufig zum vorzeitigen Tod der Angeklagten führten.

Hinrichtungen waren im Mittelalter öffentlich und zogen zahllose Schaulustige an.

SPIEL UND SPASS

Mühsal und Plackerei prägten das Leben der überwältigenden Mehrheit der Bevölkerung.

Jedes Fest, das den grauen Alltag wenigstens für kurze Zeit vergessen ließ,

wurde daher mit großer Begeisterung in fröhlicher Gemeinschaft gefeiert.

In den aufstrebenden Städten des Mittelalters gab es zahlreiche Möglichkeiten

der Unterhaltung: Viele Menschen nutzten jede freie Minute

für Würfel- und Kartenspiele oder einen anderen unterhaltsamen Zeitvertreib.

Feste, Spiele und Theater

Während ländliche Feste im Rhythmus der Jahreszeiten zum traditionellen Bauernleben gehörten,

widmeten sich die Stadtmenschen in ihrer karg bemessenen Freizeit Glücksspielen und anderen

Vergnügungen. Besondere Attraktionen waren tagelange Theateraufführungen.

Für die meisten Menschen im Mittelalter war der Alltag von Mühsal und harter Arbeit geprägt – Müßiggang war ein Privileg weniger wohlhabender Adliger.

Um so ausgelassener feierte man daher die Feste, die den eintönigen Arbeitsrhythmus unterbrachen. Obwohl Adlige, Bürger und Bauern in ihren Burgen, Städten und Dörfern unterschiedliche Feste und Feiern kannten, war ihnen doch allen eines gemeinsam: die Freude an gutem und reichlichem Essen und vor allem Trinken. Insbesondere die Kirche kritisierte immer wieder Exzesse und Ausschweifungen, doch letztlich siegte die Lebenslust fast immer über die Moral.

BAUERNFESTE

Viele Feste der Landbevölkerung waren eng mit der Religion und dem Wandel der Natur verknüpft. Häufig diente ein ursprünglich religiöses Fest als Anlaß zahlreicher durchaus weltlicher Vergnügungen wie fröhlichem Tanz und Gesang sowie einer Reihe unterhaltsamer Spiele. Die mit dem Wechsel der Jahreszeiten verbundenen Feste gründeten häufig auf althergebrachten Traditionen heidnischen Ursprungs. Den Einzug des Frühlings feierte man mit Umzügen und Spielen, die meist auf den Feldern und Wiesen stattfanden. Oft verband man mit dem Frühlingsfest auch die Maifeier, bei der schon damals in der Mitte des Dorfes ein großer Baum aufgerichtet wurde.

Eines der wichtigsten Bauernfeste, die Kirmes, zeigt die Verquickung religiösen Brauchtums mit weltlicher Lebensfreude. Die Kirmes geht auf die Kirchweihmessen zurück, mit der die Gläubigen alljährlich den örtlichen Heiligen einer Pfarrgemeinde ehrten. Ohne völlig vergessen zu werden, trat der religiöse Ursprung im Lauf des Mittelalters immer mehr in den Hintergrund, und die Kirmes entwickelte sich zu einem großen Jahrmarkt mit allerlei Lustbarkeiten, die Menschen aus allen Dörfern des Pfarrbezirks anlockten. Bier und Wein flossen in Strömen, und immer wieder kam es zu Auseinandersetzungen zwischen rauflustigen Zechbrüdern. Da die Streitigkeiten nicht nur mit Worten ausgetragen wurden, gab es manchmal auch Verletzte und sogar Tote.

Die Kirche versuchte dieser Auswüchse durch zahlreiche Verordnungen Herr zu werden; manche

Von Glücksspielen UND ANDEREN LASTERN

„Geselle dich nicht zu den Zuhältern, mische dich nicht unter die Zecher in den Wirtshäusern, meide das Würfeln und andere Geldspiele, denn die Zahl der Blutsauger ist unermeßlich. Schauspieler, Possenreißer, Mohren, Schönlinge, Weichlinge, Schmeichler und Knabenschän-

Im buntgescheckten Schellengewand machten die Hofnarren ihre Späße.

der, singende und tanzende Mädchen, Bauchtänzerinnen, Quacksalber, Wahrsager, Nachtschwärmer, Erpresser und Bettler – all dieses Gesindel füllt die Häuser."

Rat eines Mönchs an einen jungen Mann, 12. Jh.

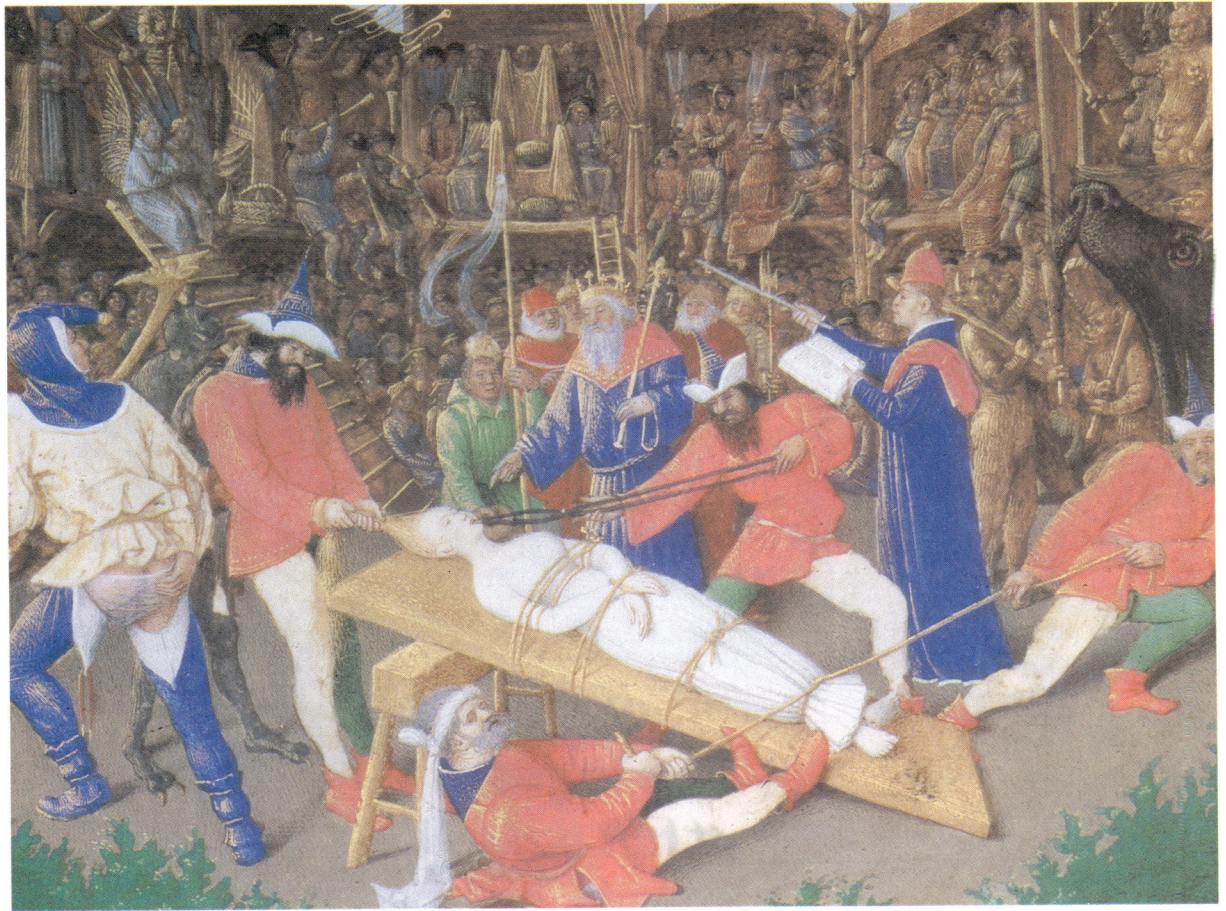

Der Aufführung eines französischen Mirakel-spiels zu Ehren der heiligen Apollonia woh-nen zahlreiche Zuschauer bei (oben). Rechts sieht man den Tanz einer Schauspieltruppe.

Geistliche verboten beispielsweise die Teil-nahme von Mitgliedern fremder Pfarrbe-zirke. Hin und wieder untersagte man auch den Tanz auf dem Kirchhof, der zugleich Begräbnisstätte war. Doch oft setzten sich selbst die Ortspfarrer über die Befehle höhergestellter Geistlicher hinweg und nahmen dafür manchmal sogar einen kurzfristigen Entzug der Amtsbefugnis in Kauf.

„MÜSSIGE SPIELE UND NARRETEIEN"

Immer wieder verdammte die Kirche weltliche Vergnügungen aller Art als sündiges Treiben. „Müßige Spiele und Narreteien, Tänze und Gri-massenschneiden" seien die Hauptbelustigungen des einfachen Volkes, beklagte sich Anfang des 14. Jh. ein englischer Geistlicher, der mit seiner Meinung nicht allein stand. Besonders mißfielen der Kirche die zahlreichen Glücksspiele, die sich zunehmend verbreiteten und vor allem in den Städten so manchen Bürger um erkleckliche Geld-beträge brachten. Großer Beliebtheit erfreuten sich verschiedene Würfelspiele, und in vielen mittel-alterlichen Schenken mischte sich das Klappern der meist aus Knochen gefertigten Würfel mit den auf-gebrachten Flüchen der von ihrer Spielleidenschaft und ausgiebigem Alkoholgenuß erhitzten Glücks-spieler. Wo es leichtes Geld zu verdienen gab, waren Betrüger nicht weit, und selbst die Angst vor grau-samen Strafen konnte viele Gauner nicht davon ab-halten, das Glück zu „korrigieren". Mitte des 14. Jh. versuchten die Ratsherren von Speyer, dem „ver-werflichen Würfelspiel" Einhalt zu gebieten und verboten es – eine Maßnahme, die vermutlich ohne großen Erfolg blieb. In anderen Städten drohte den ertappten Spielern die Zurschaustellung am Pran-ger, und in Mailand mußte man Ende des 14. Jh. sogar eine Verbannung aus der Stadt befürchten.

117

DER VERDAMMNIS GEWEIHT

„Es gibt drei Typen von Schauspielern. Einige führen unzüchtige Tänze auf, verrenken ihren Körper in ebensolcher Weise und legen ihre Kleider ab oder grausige Masken an. Alle sind sie der Verdammnis geweiht. Es gibt aber auch andere, die nichts Rechtes gelernt haben, ohne festen Wohnsitz herumziehen und genauso sträflich handeln wie die anderen. Sie folgen dem Hofstaat der Großen und Mächtigen und beschimpfen Abwesende auf unverschämte und skandalöse Weise. So wollen sie ihren Zuhörern gefallen. Ja, solche Männer sind verdammt, denn der Apostel verbietet es uns, das Mahl mit ihnen einzunehmen … Es gibt aber auch noch eine dritte Art von Schauspielern: Sie besitzen Musikinstrumente, welche die Menschen erfreuen, und bei Trinkgelagen und unzüchtigen Zusammenkünften singen sie allerlei Lieder, um die Männer zur Zügellosigkeit zu verführen.“

Thomas de Cabham, englischer Geistlicher (14. Jh.)

Neben den Spielen, die ausschließlich mit Würfeln gespielt wurden, gab es auch noch zahlreiche Brettspiele, bei denen man würfeln mußte. Zu den bekanntesten dieser Spiele zählen zahlreiche Varianten des Puffspiels, das in Frankreich und England unter den Namen Tric-trac bzw. Backgammon bekannt war. Ohne Würfel spielte man Mühle, das sich schon im frühen Mittelalter großer Beliebtheit erfreute. Aus dem fernen Osten nach Europa gelangt, fand auch das Schachspiel rasch viele Anhänger, obwohl „selbst die Vernünftigsten dabei die Geduld verlieren“, wie ein zeitgenössischer Chronist beklagte.

Die Adligen zählten zu den eifrigsten Spielern des Mittelalters – manche ihrer Vergnügungen glichen denen der einfachen Leute, andere jedoch, wie beispielsweise die Ritterturniere, die Jagd oder die Falknerei, waren ausschließlich ihnen vorbehalten.

GEISTLICHE SPIELE

Besondere Höhepunkte im Festkalender des Mittelalters waren geistliche Spiele. Ursprünglich in der Kirche und in lateinischer Sprache aufgeführt, konnten die Menschen den oft tagelangen Veranstaltungen im Spätmittelalter auch auf öffentlichen Plätzen beiwohnen. In Deutschland gelangten beson-

Während sich einige Zuschauer dem Mysterienspiel auf der Bühne zuwenden, erfreuen sich andere an den Darbietungen von Musikanten und tanzenden Possenreißern.

FESTTAGSKALENDER

Viele Festtage des Mittelalters sind auch heute noch bekannt, und selbst die Bräuche haben sich oft nur leicht gewandelt.

Januar: Dreikönigstag

Der Dreikönigstag galt im Mittelalter als der Beginn des neuen Jahres. Laienschauspieler führten Dreikönigsspiele auf, die den Besuch der drei Weisen aus dem Morgenland zum Inhalt hatten. In vielen deutschen Regionen aß man Bohnenkuchen, die ihren Namen einem Bohnenkern verdankten, der im Teig versteckt war. Wer den Kern entdeckte, wurde zum „Bohnenkönig" gekürt und durfte sich eine Königin wählen. Diesen Brauch gab es in ähnlicher Form auch in anderen Ländern.

Zecher begießen das neue Jahr.

Februar: Valentinstag

Der Valentinstag verdankt seinen Namen dem heiligen Valentin, einem Märtyrer, der vermutlich im 3. Jh. gelebt hat. Daß der 14. Februar zum Tag der Brautleute und Liebenden wurde, hat mit dem Schicksal des Namenspatrons jedoch überhaupt nichts zu tun. Die religiösen, in der Liturgie wurzelnden Ursprünge sind allerdings auch schon im Mittelalter fast niemand mehr bewußt gewesen. Vor

Festmahl am Valentinstag.

langer Zeit besang man an diesem Tag in der Kirche die Ankunft des Bräutigams (Jesus Christus) zur Himmlischen Hochzeit.

Die Jugendlichen vergnügten sich am 14. Februar mit zahlreichen Spielen, bei denen man sich näherkommen konnte.

März: Ostern

In den Städten und selbst auf dem Land wurden an diesem Tag geistliche Spiele aufgeführt, die das österliche Heilsgeschehen behandelten. Die Spiele erstreckten sich über mehrere Tage; am Karfreitag zeigte man *Christi Kreuzigung* und am Ostermontag die *Auferstehung*. Schon im Mittelalter bekannt war auch der Brauch der großen Osterfeuer, der später, im Zeitalter der Aufklärung, als heidnisch gebrandmarkt wurde.

April: Walpurgisnacht

Der 30. April galt dem Volksglauben zufolge als die Nacht der Hexen, die an diesem Tag auf Ziegenböcken, Katzen oder Besen auf den Blocksberg im Harz ritten, wo sie den Hexensabbat feierten. Mit allerlei Abschreckungsmitteln wie Lärm und Feuer versuchte man an diesem Tag, die Hexen fernzuhalten; junge Leute erzählten Schauergeschichten, um Frauen und Kinder zu erschrecken.

Mai: 1. Mai

Am 1. Mai wurde überall in Europa der Frühling begrüßt. Man tanzte um den Maibaum und krönte die Maikönigin mit einer goldfarbenen Krone. Wettspiele symbolisierten den Kampf zwischen Winter und Frühling, bei dem letzterer natürlich den Sieg davontrug. In der Morgendämmerung zogen die jungen Burschen in den Wald und sammelten grüne Blätter und Zweige, mit denen sie die Häuser und Plätze ihres Dorfes oder ihrer Stadt schmückten.

Juni: Sonnwendfeier

Um die Sommersonnenwende zu feiern, schichtete man auf dem Marktplatz oder auf dem freien

Fahrt in den Mai.

Feld Holz oder Knochen auf und entzündete ein Feuer. Mutige Jungen und Mädchen sprangen über die Flammen.

Juli: Jakobstag

Der 25. Juli war der Tag des heiligen Jakobus, der neben seinem

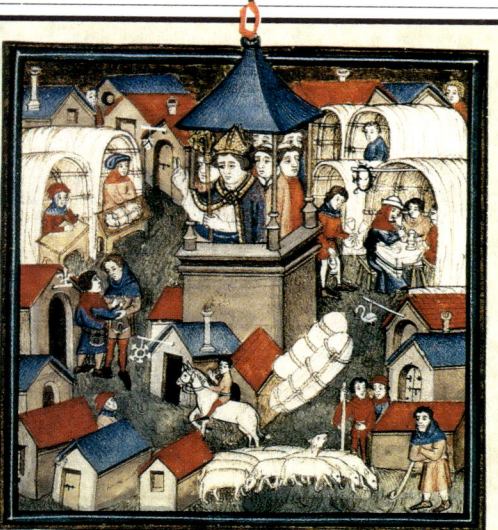

Kirchweih im Sommer.

Bruder, dem Evangelisten Johannes, und dem heiligen Petrus zu den ersten Aposteln zählte. An diesem Tag feierte man in vielen Gegenden Erntefeste oder eine Kirmes, die einer der absoluten Höhepunkte im Festtagskalender war. Auf den Feldern tanzten die jungen Leute, und natürlich wurde auch gut gegessen und getrunken.

August: Erntefeiern
Der achte, nach dem römischen Kaiser Augustus benannte Monat war die Zeit der größten Erntefeste des Jahres. In England feierte man am 1. August die Weizenernte. Dieser *Lammas Day* war selbst für die Tiere ein Festtag, denn die Bauern öffneten die Tore der Gatter und ließen die Schafe und Rinder auf saftigen Wiesen weiden, auf die sie sonst nie geführt wurden. Ein Schaf wurde alljährlich am Morgen des *Lammas Day* freigelassen und von den Jungen und Männern des Dorfes verfolgt, um schließlich als Festtagsbraten zu enden.

September: Michaelistag
Der Ehrentag des Erzengels Michael wurde in ganz Europa gefei-

ert, und überall gönnten sich die Menschen einen festlichen Schmaus. In vielen Ländern aß man an diesem Tag eine Gans, die auf verschiedenste Weise zubereitet wurde. In Irland beispielsweise würzte man die Gans mit Salbei und servierte sie mit frischem Apfelmus und einer leckeren Zwiebelsauce.

Oktober: Gallustag
Am Ehrentag des heiligen Gallus, des Einsiedlers, dem das Schweizer Kloster Sankt Gallen seinen Namen verdankt, gab es große

Feldarbeit und Schafschur.

Jahrmärkte, und man feierte fröhliche Erntefeste. Am Tag des heiligen Gallus holten die Bauern nämlich oft die letzten Kartoffeln aus dem Acker.

November: Allerseelen
Abt Odilo von Cluny machte 998 den 2. November zum Gedächtnistag für alle Verstorbenen. Auf dem Friedhof brannten Kerzen, und man legte Erntegaben auf die Grä-

Traubenernte.

ber. In vielen Gegenden wurden Seelenbrote aus Hefeteig oder mit Roggenmehl und Speck gebacken.

Dezember: Weihnachten
Weihnachten wird von Christen seit dem Jahr 354 gefeiert. In den europäischen Ländern entwickelten sich die unterschiedlichsten Bräuche, um der Geburt Jesu Christi zu gedenken. Zünfte und Gilden führten Weihnachtsspiele auf, die Häuser und Kirchen wurden mit Zweigen und Girlanden geschmückt, und schon damals backten die Frauen Weihnachtsgebäck. Christbäume gab es allerdings noch nicht.

Winterspaß mit Tradition: fröhliche Schneeballschlacht.

JAHRMARKT AM MICHAELISTAG

Im Mittelalter verehrte man in ganz Europa den Erzengel Michael, an dessen Festtag Ende September die Bauern auch den Abschluß der Ernte feierten. An diesem Tag fand ein großer Jahrmarkt statt, und man erwartete von den Krämern und den anderen Händlern, daß sie einen Teil ihres Gewinns für wohltätige Zwecke spendeten. Aus allen Teilen des Landes strömten Kaufleute herbei und boten u. a. Schmuck, Glaswaren, Pelze, Rüstungen, feine Stoffe und natürlich auch zahlreiche Spezereien feil. Die Bauern aus der Umgebung verkauften Fleisch, Kä-

se, Butter, Gemüse und Geflügel. Pferdehändler trieben Reitpferde und Zugtiere zum Markt, und Quacksalber priesen dubiose Heiltränke und Salben von zweifelhafter Beschaffenheit an.

Der Jahrmarkt fand auf einer großen Wiese oder dem städtischen Marktplatz statt. Der Lärm war groß, denn neben den zahlreichen Verkäufern, die ihre Konkurrenten zu übertönen versuchten, buhlten Musikanten, Schauspieler, Gaukler und Akrobaten um die Aufmerksamkeit des Publikums.

Der Jahrmarkt war nicht nur ein großes Fest für die Besucher, son-

dern auch ein Paradies für Taschendiebe, Betrüger und andere Gauner. So mancher leichtsinnige Bürger verlor beim Glücksspiel das Geld, mit dem eigentlich ein Stück Vieh oder ein Geschenk für die Frau bezahlt werden sollte.

An den meisten Ständen konnte man seinen Hunger stillen oder seiner Leidenschaft für süße Leckerbissen frönen. Kuchen und Konfekt sowie gesüßter Brei waren nur ein kleiner Teil des umfangreichen Angebots. Zu den süßen und würzigen Speisen trank man heiße Molke, aber auch Bier und Apfelwein.

---

ders die Oster- und Passionsspiele zu großer Blüte. Im Mittelpunkt der Aufführungen stand zwar die Passion Christi, die zahllosen Laiendarsteller spielten aber auch viele andere Szenen aus der Bibel.

In England und Frankreich begeisterten sich die Menschen für Mysterien- und Mirakelspiele, die

Badefreuden, Musik, köstliche Speisen und Getränke – Künstlerphantasie oder Wirklichkeit?

ebenfalls auf biblischen Erzählungen bzw. auf Heiligenlegenden beruhten. Die Bearbeitung und Aufführung der Stücke wurden oft den städtischen, aus religiösen Bruderschaften hervorgegangenen Handwerkerorganisationen anvertraut. Diese kamen gern für die Kosten auf, da sie die Veranstaltungen auch als eine ausgezeichnete Werbung für ihre Zunft ansahen. Aus diesem Grund wählte man häufig biblische Szenen, die durch ihren Titel oder die Inhalte eine – wenn auch oft nur entfernte – Beziehung zu einem bestimmten Handwerk hatten. So stellten Angehörige der Fischhändlerzunft beispielsweise die Geschichte von Jona im Walfisch nach, die Bäcker führten die Abendmahlsszene auf, und die Goldschmiede wählten die Erzählung von den Heiligen Drei Königen.

Als Bühne dienten große Wagen, die in zwei Ebenen geteilt waren. Oben agierten die Schauspieler auf einer Plattform, während der untere Teil als Umkleidekabine genutzt wurde. Hier warteten die Akteure, die aufwendige Kostüme trugen, auch auf ihre Auftritte. Auf der Bühne sparte man nicht an der Ausstattung und setzte zahllose Effekte ein, um die Vorstellungen möglichst lebendig wirken zu lassen. In Hinrichtungs-, Mord- und Schlachtszenen wurden Unmengen von Blut vergossen, in einer Aufführung lief ein künstlicher Esel durch die Straßen, der alle paar Meter Mist fallen ließ.

Körper, Geist und Seele

Während man an den Universitäten des Mittelalters Wissenschaft und christliche

Prinzipien in Einklang bringen wollte, regierte in weiten Kreisen der

Bevölkerung noch tiefer Aberglaube. Viele Menschen fürchteten sich vor Hexen

und vertrauten der Macht von magischen Beschwörungsformeln.

Den allgegenwärtigen Tod vor Augen, brachten sie Ärzten und ihren

Künsten nur wenig Vertrauen entgegen.

MITTELALTERLICHE HEILKUNDE

Mönche, studierte Ärzte und vor allem die „unehrlichen" Bader waren für die medizinische Versorgung verantwortlich. Trotz ihrer Kenntnis unterschiedlichster Behandlungsmethoden wußten sie der Pest, die Mitte des 14. Jh. Angst und Schrecken verbreitete, nichts entgegenzusetzen.

Gesundheit galt im Mittelalter als ein Geschenk Gottes, während Krankheit und ein früher Tod als Prüfung und Strafe angesehen wurden. Doch obwohl Gesundheit und Krankheit von Gott kamen, verlangte das christliche Gebot der Nächstenliebe, den Kranken zu helfen und ihr Leid zu lindern. Diese Aufgabe gehörte daher zu den vorrangigen Pflichten der abendländischen Mönche, und schon in der für das Mittelalter so bedeutsamen Regel Benedikts von Nursia heißt es: „Vor allem muß man für die Kranken sorgen. Ihnen soll man dienen wie Jesus Christus selbst … Aber auch die Kranken sollen wissen, daß man ihnen dient, um Gott zu ehren, und sie sollen daher nicht durch zu hohe Ansprüche die Brüder, die sie pflegen, betrüben. Aber selbst solche ertrage man mit Geduld, um sich auf diese Weise einen größeren Lohn zu verdienen." Die Klöster entwickelten sich zu wichtigen Zentren mittelalterlicher Heilkunde, und in den Klosterbibliotheken studierten die Mönche Schriften, die noch etwas von dem reichen medizinischen Wissen der Antike bewahrten.

Die Klöster besaßen nicht nur einen Krankensaal für die Mönche, sondern auch Räumlichkeiten, die erkrankte Gäste und Reisende beherbergten. Die Krankenabteilung der Mönche umfaßte einen gesonderten Speisesaal, eine Küche und eigene Waschräume für die gebrechlichen und siechen Brüder. Um die Kranken kümmerten sich entweder ein Klosterarzt mit umfassenden Kenntnissen oder mehrere Spezialisten, zu denen auch der Aderlasser zählte. Ein Mönch war mit der Pflege des Heilkräutergartens betraut; derselbe Bruder oder ein anderer Mönch verarbeitete die Kräuter in der Apotheke des Klosters.

Die strenge Klosterdisziplin, die für die gesunden Mönche verbindlich war, galt nicht für die Kranken, die zu anderen Zeiten aßen und schliefen als die übrigen Brüder. Sie bekamen besseres Essen und größere Portionen, wenn dies vom Arzt für notwendig erachtet wurde.

UNGEWÖHNLICHE HEILMETHODEN
Die meisten Menschen hatten jedoch nicht das Glück, in einem Kloster gepflegt zu werden, sondern mußten anderweitig Hilfe suchen. Begaben sie sich in die Hände der Quacksalber und Wunderheiler, die von Stadt zu Stadt reisten und auf Jahr-

ZEITZEUGNIS

FLORENZ IM ZEICHEN DER PEST

„Zahlreiche Menschen starben Tag und Nacht auf offener Straße, und bei vielen anderen, die in ihren Häusern verschieden, bemerkten die Nachbarn ihren Tod so lange nicht, bis der Gestank der verwesenden Körper die Nachricht überbrachte … Tote wurden nicht mit Tränen und Kerzen von Trauernden geehrt, sondern es war so weit gekommen, daß ein toter Mensch nicht mehr galt als eine krepierte Ziege … Der Himmel und vielleicht auch die Menschen waren so grausam, daß zwischen März und Juli durch die Pest und durch die mangelnde Pflege – viele Gesunde ließen die Kranken aus Angst im Stich – sicher mehr als 100 000 Menschen in den Mauern von Florenz ums Leben kamen."

Giovanni Boccaccio (1313–1375), italienischer Dichter

Schon rund 800 Jahre vor der großen Pestwelle Mitte des 14. Jh. wütete der Schwarze Tod in Europa. In Rom bat Papst Gregor I. (um 540–604) Gott um das Ende des „großen Sterbens" (oben). Die Kleidung der zahllosen Pesttoten wurde verbrannt und ihre Leichen notdürftig in Gruben verscharrt (rechts).

märkten ihre Opfer suchten, konnten sie froh sein, wenn es ihnen nach der „Behandlung" nicht schlechter ging als zuvor. Viele Kranke gingen daher lieber zu einem Bader, der nicht nur ein öffentliches Badehaus leitete, sondern auch als Arzt tätig war. Obwohl der Beruf des Baders ebenso wie der des Schinders als „unehrlich" galt, ließ man sich vom Bader die Zähne ziehen, Geschwüre behandeln und gebrochene Knochen schienen. Darüber hinaus schröpfte der Bader viele seiner Patienten oder ließ sie zur Ader. Beim Schröpfen setzten die Bader erhitzte Glasglocken über Hauteinritzungen, um dem Körper auf diese Weise Blut zu entziehen. Wie beim Aderlaß sollte so das richtige Verhältnis der Flüssigkeiten im Körper wiederhergestellt werden.

Die Lehre vom ausgewogenen Verhältnis der Körperflüssigkeiten ging auf den aus Griechenland stammenden Arzt Galen zurück, der im 2. Jh. in Rom praktizierte. Die Heilkundigen glaubten, daß Gesundheit und Krankheit unmittelbar an das Verhältnis der vier „Körpersäfte" (weißer Schleim, schwarze und gelbe Galle sowie Blut) gebunden waren. Die Mischung der vier Substanzen wurde auch für das Temperament und die Gemütsverfassung eines Menschen verantwortlich gemacht.

Der Aderlaß zählte nicht nur zu den bevorzugten Behandlungsmethoden der Bader, auch die an den medizinischen Hochschulen ausgebildeten Ärzte vertrauten auf seine heilende Kraft. Ein weiteres beliebtes Heilverfahren war die Kauterisation, bei der ein glühendes Eisen auf eine Geschwulst oder die blutenden Ränder einer Wunde gesetzt wurde, um den Heilungsprozeß zu beschleunigen. Vor solch schmerzhaften Behandlungen flößte man den Kranken Alkohol ein; bei großen Eingriffen wie

Amputationen verdeckte man ihnen die Augen mit einer dunklen Kappe und las ihnen aus der Leidensgeschichte Christi vor. Viele der Patienten starben bei oder kurz nach derartigen Operationen; oft kam es zu schweren Entzündungen aufgrund unzureichender Hygiene.

„NACH DEM ESSEN SOLLST DU RUH'N …"

Um den Ruf der mittelalterlichen Ärzte war es nicht zum besten bestellt; man sagte ihnen fehlende praktische Kenntnisse nach und kritisierte ihre vermeintliche Habgier. John von Salisbury, ein englischer Mönch, reduzierte den angeblichen Berufskodex der Ärzte im 14. Jh. auf zwei Regeln:

„Kümmere dich nicht um die Armen. Lehne nie das Geld der Reichen ab." Dennoch waren die Ärzte des Mittelalters natürlich nicht alle gewissenlose und geldgierige Kurpfuscher. Seit dem 13. Jh. machte die Medizin große Fortschritte. An den berühmten medizinischen Hochschulen von Salerno, Bologna und Montpellier befaßte man sich mit dem reichen medizinischen Wissen der Araber; einen entscheidenden Anteil an der Verbreitung dieser Kenntnisse hatte die Übersetzerschule im spanischen Toledo.

Zur Verbesserung der medizinischen Ausbildung trug nicht zuletzt auch ein Erlaß Kaiser Friedrichs II. aus dem Jahr 1231 bei. Der Herrscher verbot allen Ärzten, vor Ablegung einer Prüfung zu

Sprechstunde: Patienten suchen Hilfe bei einem französischen Chirurgen (oben). Ein Arzt des 13. Jh. näht eine Halswunde (rechts).

VOLKSMEDIZIN UND ÄRZTLICHE WEISHEIT

„Ich teile dir mit, was unser Bischof mir vor ein paar Tagen gesagt hat, nachdem die besten Ärzte ihm nicht helfen konnten. Er sagte, daß ein Armer ihm ein Mittel gab, das ihn sofort von der tödlichen Krankheit befreite. Man soll eine weichgekochte Zwiebel nehmen, sie zerhacken, Butter hinzufügen und die Mischung auf die Pestbeule tun."

Aus dem Brief eines italienischen Notars, 14. Jh.

„Um der Pest vorzubeugen, sollte man sich nicht dem Morgentau aussetzen; heftige Erregungen des Gemüts sind zu vermeiden. Es ist nicht gut, das Fleisch von Schweinen zu verzehren, Kalbfleisch jedoch darf gegessen werden."

Ratschläge französischer Ärzte

Auf dieser Seite eines Kräuterbuches (12. Jh.) werden die Heilkräfte von Bilsenkraut gepriesen.

---

praktizieren. In einem Artikel der kaiserlichen Verordnung heißt es: „Im Hinblick auf den großen Nachteil und den nicht wieder zu behebenden Schaden, der aus der Unerfahrenheit der Ärzte entstehen kann, befehlen wir, daß in Zukunft niemand mehr unter dem Deckmantel des ärztlichen Titels praktizieren soll, wenn er nicht vorher in Salerno, im öffentlichen Disput von Professoren, durch eine Prüfung bestätigt ist." Und an einer anderen Stelle heißt es: „Außerdem legen wir fest, daß kein Chirurg zur Praxis zugelassen werden soll, wenn er nicht Zeugnisse der in der Medizinfakultät lehrenden Professoren vorweist, daß er wenigstens ein Jahr lang den Teil der Medizin studiert hat, der in der chirurgischen Geschicklichkeit unterweist, daß er weiter die Anatomie der Menschenkörper in den Kollegien gelernt hat."

Eines der wohl einflußreichsten medizinischen Bücher des Mittelalters, die „Parabeln der Heilkunst", stammt von Arnaldus von Villanova, der im 13. Jh. an der Medizinschule in Montpellier lehrte. „Nur wer die Natur der Körper, die Arten von Krankheiten, ihre unterschiedlichen Ursachen und die Kräfte der Heilmittel kennt, kann überlegt handeln und dem Kranken mit seiner Kunst helfen … Der Erfolg des Arztes zeigt sich in seinen Taten und nicht in seinen Worten, da die Krankheiten nicht durch Reden vertrieben werden." Von Arnaldus von Villanova stammt auch der noch heute bekannte Ratschlag: „Nach dem Essen sollst du ruh'n, oder tausend Schritte tun."

DER SCHWARZE TOD
Die Ärzte des Mittelalters waren zwar besser als ihr schlechter Ruf, doch gegen den Schwarzen Tod, die geheimnisvolle Seuche, die Mitte des 14. Jh. aus Zentralasien eingeschleppt wurde, wußten auch die Absolventen der großen medizinischen Hochschulen keinen Rat.

In Europa begann das „große Sterben" im Oktober 1347. Damals landeten einige genuesische Schiffe, die aus einem Hafen auf der Krim kamen, in Messina. Die Einwohner der sizilianischen Stadt begrüßten die Seeleute, tauschten Waren mit ihnen, kümmerten sich um die Kranken und beerdigten die Toten. Fast alle, die mit den Mitgliedern der Besatzung Kontakt hatten, erkrankten, und viele starben innerhalb von wenigen Tagen. Die Seeleute wurden daher aus der Stadt vertrieben, doch zu diesem Zeitpunkt hatte die Pest Messina

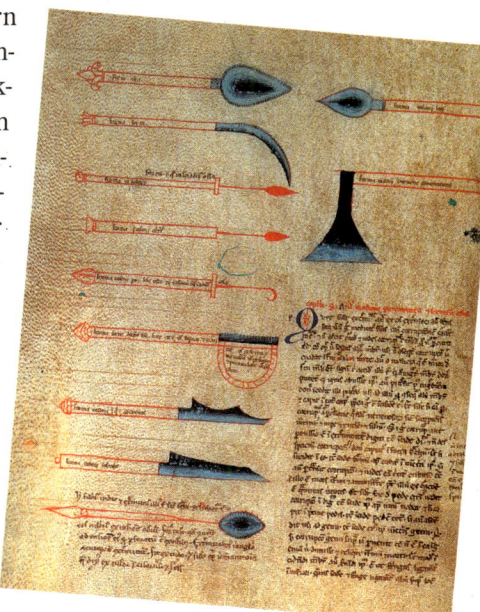

Ein medizinisches Handbuch des Mittelalters zeigt eine Vielzahl chirurgischer Instrumente.

schon fest in ihrem tödlichen Griff.

Die Pest, die sich von Messina ausgehend schnell in ganz Italien verbreitete, trat in verschiedenen Formen auf. Es gab Menschen, die ohne sichtbare Anzeichen einer Krankheit zusammenbrachen und auf der Stelle tot waren. An-

Mittelalterliches Allheilmittel: der Aderlaß.

dere bekamen hohes Fieber, Schüttelfrostanfälle und litten an starken Kopf- und Gliederschmerzen. Dies waren Symptome der sogenannten Beulenpest, die ihren Namen den großen, dunkelgefärbten Karbunkeln verdankte, welche die Körper der Erkrankten bedeckten. In einem zeitgenössischen Bericht heißt es: „Bei Männern und Frauen sieht man widerliche, apfelgroße Geschwüre in der Leistengegend oder in der Armhöhle. Sie sind ein untrügliches Zeichen des bevorstehenden Todes."

Die Pest wütete in ganz Europa, besonders schnell breitete sie sich entlang den Schiffswegen aus, etwas langsamer drang sie ins Landesinnere vor. Von Oberitalien gelangte sie über Kärnten und die Steiermark nach Wien. Durch das Rhônetal zog sich ihre Spur des Todes bis in die Schweiz, wo die Pest 1349/1350 ihren Höhepunkt hatte. Ostern 1349 erreichte der Schwarze Tod Frankfurt. Hier fielen innerhalb von rund 70 Tagen etwa 2000 Einwohner der Pest zum Opfer. Noch mehr Menschen starben in Erfurt, Hannover oder Münster, und

nicht selten raffte die Pest mehr als die Hälfte der Einwohner einer Stadt dahin.

Auf dem Land verbreitete sich die Seuche zwar langsamer als in der Enge der ummauerten Städte, aber sie forderte auch in den Dörfern unzählige Menschenleben. 1351 schien das große Sterben vorbei zu sein, doch schon wenige Jahre später gab es eine neue Pestwelle. Auch im weiteren Verlauf des 14. Jh. forderte die Seuche immer wieder ihre Opfer. Allein in den Jahren zwischen 1347 und 1352 starben in Europa rund 25 Mio. Menschen, ungefähr ein Drittel der damaligen europäischen Bevölkerung.

VERFALL DER SITTEN

Die Städte, die von der Seuche heimgesucht wurden, boten ein Bild des Grauens. Vor den Haustüren lagen Leichen, die von herumstreunenden Hunden angefressen waren, und in den Gassen hing ein grauenhafter Gestank. Die Menschen mieden sich, und viele Eltern überließen erkrankte Kinder ihrem Schicksal. Ärzte machten keine Krankenbesuche mehr, und selbst die Priester weigerten sich, den Sterbenden die Letzte Ölung zu geben. Während einige Menschen angesichts des Massensterbens gleichgültig vor sich hinvegetierten, gaben sich andere laut zeitgenössischen Chroniken „schamlos widernatürlichen Ausschweifungen" hin.

Niemand wußte, wie die Krankheit entstand und wie sie übertragen wurde. Einige Ärzte rieten zu körperlicher Ertüchtigung, leichter Ernährung und dem Genuß aromatischer Weine. Andere sahen im Baden eine Gefahrenquelle, da das heiße Wasser

---

ZEITZEUGNIS

IN EINEM KLOSTERHOSPITAL

In einer mittelalterlichen Klosterordnung aus dem 12. Jh. finden sich folgende Vorschriften für die Führung des Hospitals: „Es werden vier erfahrene Ärzte angestellt, denen die Eigenschaften des Urins bekannt sind, die Krankheiten zu unterscheiden vermögen und die die richtigen Heilmittel kennen ... Alle Betten sollen lang und breit genug sein und die notwendige Bequemlichkeit bieten ... Jeder Kranke bekommt einen Pelz, Schuhe und Wollmützen, wenn er zum Abort gehen muß ... In jedem Raum sollen Helfer sein, um die Füße zu waschen und die Betten zu richten ... An drei Tagen bekommen die Kranken Schweine- oder Hammelfleisch; wer dies nicht verträgt, erhält Hühnerfleisch."

Die Apotheker des Mittelalters boten in ihren Verkaufsräumen neben unzähligen Kräutern und Pulvern auch die verschiedensten Essenzen und Gesundheitstränke an (oben). Heilkräuter: ihr Weg von der Wiese bis zum Verkaufsstand (links).

niemand von ihnen. Erst über 500 Jahre nach der großen Pest des Mittelalters wurde der Bazillus *Yersinia pestis*, der durch die Flöhe von Ratten auf den Menschen übertragen wird, als Erreger der tödlichen Krankheit ausgemacht.

ÖFFENTLICHE KRANKENHÄUSER

Nachdem in der italienischen Stadt Florenz ein Großteil der Einwohner an der Pest gestorben war, versuchte man, die medizinische Versorgung der Bevölkerung weiter zu verbessern. Mit der finanziellen Unterstützung von Gilden, Zünften, religiösen Bruderschaften, Ritterorden und mit privaten Geldern wurden öffentliche Krankenhäuser errichtet. Es gab verschiedene Stationen für Adlige, Geistliche und einfache Bürger, und darüber hinaus wurden Patienten mit ansteckenden Hautkrankheiten und Geisteskranken eigene Abteilungen zugewiesen. In einem zeitgenössischen Bericht über ein Florentiner Krankenhaus heißt es 1480: „Sie kümmern sich ständig um mehr als 300 Kranke. Die Betten sind stets sauber, und immer ist jemand da, der sich um die Patienten bemüht. Speisen und Medikamente werden nicht wahllos verteilt, sondern entsprechend den Krankheiten ausgegeben."

die Poren der Haut öffne und die Pesterreger so leichter eindringen könnten. Um die verpestete Luft, die man für giftig hielt, fernzuhalten, sollte man die Fenster schließen und im Haus Wacholderzweige abbrennen. Ärzte der medizinischen Hochschule von Paris wußten zwar nicht, wie man eine Ansteckung vermeiden konnte, gelangten aber immerhin zu der tiefschürfenden Erkenntnis, daß ein „kräftiger Schluck guten Weins" sicher nicht schädlich sei.

Die Ärzte, die den Mut aufbrachten, einen Toten zu untersuchen, der an der Pest gestorben war, mußten oft Ratten aus der Nähe des Leichnams verscheuchen. Daß diese Ratten etwas mit dem Schwarzen Tod zu tun haben könnten, glaubte

DAS BUCH DER TIERE

Zahllose reale und mythische Geschöpfe bevölkern die Bestiarien,
die zu den bekanntesten Büchern des Mittelalters zählten.

Ein Ritter tötet das legendäre Einhorn, das im Schoß einer Jungfrau schläft.

Die Bestiarien waren Bücher, in denen Tieren bestimmte Eigenschaften zugewiesen wurden, die man in Beziehung zu den bekanntesten biblischen Gestalten und typischen menschlichen Verhaltensweisen setzte. Die Bestiarien des Mittelalters gehen zurück auf den berühmten *Physiologus*, ein Buch mit Naturbeschreibungen, das wahrscheinlich im 2. Jh. in Alexandria entstand. Als Verfasser gilt ein christlicher Asket.

Der *Physiologus,* der im 4. Jh. vom Griechischen ins Lateinische übersetzt wurde, erfuhr zahlreiche Bearbeitungen. Der heilige Isidor, Bischof von Sevilla, erweiterte es im 7. Jh., indem er den 74 Geschöpfen der Handschrift fünf weitere Tiere und ein Fabelwesen

hinzufügte: Wolf, Steinbock, Hund, Krokodil, Eule und Drachen. Im Mittelalter diente der *Physiologus* als Erbauungslektüre und wurde auch als Lehrbuch benutzt. Die erste deutsche, von einem Mönch im Kloster Hirsau verfaßte Übersetzung entstand in der zweiten Hälfte des 11. Jh. in alemannischer Mundart. Ein bedeutendes Bestiarium in Reimform verfaßte der Franzose Philipp von Thaon, der in der ersten Hälfte des 12. Jh. neben Tieren auch Steine in einen christlichen Zusammenhang stellt. Aus dem 13. Jh. ist u. a. das *Göttliche Bestiarium* von Guillaume

le Clerc, einem Landsmann Philipp von Thaons, erhalten.

Die mit zahllosen Illustrationen versehenen Bestiarien zogen immer wieder Parallelen zwischen der Welt der Natur und Episoden aus dem Leben Christi. So schrieb man dem Löwen drei „Naturen" zu. Der Löwe, so hieß es, verwische seine Spuren mit dem Schwanz. Wenn sein Körper ruhe, blieben seine Augen hellwach, und „wenn eine Löwin Junge zur Welt bringt, kommen sie tot zur Welt. Sie bewacht sie drei Tage lang, bis ihr Vater kommt, ihnen ins Gesicht haucht und sie wieder zum Leben erweckt." Die drei Naturen des Löwen sollten daran erinnern, daß Jesus Christus seine Spuren vor dem Teufel verwischte und daß er wachsam blieb, obwohl er am Kreuz starb. Und schließlich ist er von Gott, dem Vater, nach drei Tagen wieder ins Leben gerufen worden. Der Löwe bekam in den Bestiarien den Ehrenplatz, vom Wolf hieß es, er könne seinen Kopf nicht nach hinten wenden, weshalb er ebensowenig wie der Teufel zur reumütigen Umkehr fähig sei.

In den Bestiarien wurden auch zahlreiche Fabeltiere be-

Geheimnisvolle Fabelwesen wie der Drache, der Greif, das Einhorn und andere phantastische Tiere zieren diese Säule.

Die Besatzung dieses Schiffes wird bei der Verfolgung eines Fabelwesens von höheren Kräften unterstützt (oben). Ein Löwenpaar mit seinen Jungen (rechts).

schrieben. Das Einhorn, das nur im Schoß einer Jungfrau Ruhe finden konnte, war ein Symbol der Jungfrau Maria. Der Basilisk, ein Hahn mit einem Eidechsen- oder Schlangenschwanz, war der König der Schlangen und symbolisierte den Tod und den Antichrist. Töten konnte er nicht nur durch seinen Biß, sondern auch durch seinen Blick.

Der Phönix, das wohl wichtigste Fabeltier, galt als Symbol für die Auferstehung Christi. Der Legende zufolge flog der Phönix im Alter von 500 Jahren ins ägyptische Heliopolis. Dort hatten Priester einen großen Scheiterhaufen errichtet, den der Phönix in Brand steckte,

Dieses Bestiarium aus dem 13. Jh. mit seiner sagenumwobenen Tierwelt zeugt von der Phantasie der mittelalterlichen Menschen.

indem er seinen Schnabel an einem Stein rieb und dadurch einen Funken zündete. Dann fächerte er den Flammen mit seinen Flügeln Luft zu, um das Feuer zu unterhalten. Einen Tag, nachdem der Phönix verbrannt war, sahen die überraschten Ägypter in der Asche eine kleine Kreatur, die erst einem Wurm ähnelte, dann schnell wuchs und schließlich die Gestalt des Phönix annahm. Am dritten Tag flog das legendäre Wesen zurück nach Indien.

IM ANGESICHT DES TODES

Hungersnöte, Kriege, Fehden, Pest und andere gefährliche Krankheiten sowie eine extrem

hohe Kindersterblichkeit – der Tod war im Mittelalter allgegenwärtig,

und nur wenige Menschen erreichten ein hohes Alter.

Papst Innozenz III. schrieb Ende des 12. Jh., daß „wenige jetzt auf 60 und noch viel weniger auf 70 Jahre kommen"; tatsächlich betrug die durchschnittliche Lebenserwartung rund 30 Jahre, und im 14. Jh., zur Zeit der großen Pest, lag sie noch wesentlich niedriger. Krankheiten, die heute in Europa viel von ihrem Schrecken verloren haben, forderten alljährlich unzählige Menschenleben. Lepra, Malaria, Tuberkulose, Diphterie, Cholera und zahlreiche weitere Infektionskrankheiten rafften die Menschen in der Blüte ihrer Jahre dahin. In den Städten mit ihren schlechten hygienischen Verhältnissen breiteten sich die Krankheiten besonders schnell aus, und Arme, die sich nur unzureichend ernähren konnten, waren anfälliger als die Reichen. Im Unterschied zu heute hatten Frauen eine niedrigere Lebenserwartung als Männer. Viele starben aufgrund mangelhafter Hygiene bei der Entbindung oder im Wochenbett.

Im Krieg kamen nicht nur viele Soldaten um, sondern auch die Zivilbevölkerung litt unter der Soldateska, die Ernten vernichtete und Vieh tötete, wenn der Feind vorrückte. Wenn sich ein geschlagenes Heer auflöste, bildeten sich oft kleine Banden, die brandschatzend, raubend und mordend durch die Lande zogen.

STERBEN IM MITTELALTER

Wenn ein Mensch im Sterben lag, versammelten sich Familienangehörige und Nachbarn um sein Bett; auch Freunde und bei Kaufleuten und Handwerkern Genossen aus Gilde und Zunft fanden sich im Haus des Sterbenden ein. Die Menschen im Mittelalter wurden nicht, wie es heute häufig der Fall ist, mit ihrer Todesangst allein gelassen, sondern starben im Kreis der Gemeinschaft. Bat ein Sterbender um die Letzte Ölung, kam ein Priester und zeichnete mit geweihtem Öl Kreuze auf das Haupt, die Brust, die Hände und Füße sowie andere Körperteile. Die Letzte Ölung erhielten vor allem die Reichen, da viele Priester sich entgegen höheren Weisungen für diesen Dienst bezahlen ließen.

In einigen Gegenden und manchen Klöstern war es üblich, Sterbende auf die mit Stroh bedeckte Erde zu legen. Dies galt einerseits als Zeichen der Demut; andererseits ging dieser Brauch aber auch auf althergebrachte Vorstellungen von der Verunreinigung der Bettstatt durch eine Leiche zurück. Ob im Bett oder auf dem Boden liegend – die Todkranken pflegten ihre Sünden zu beichten und sich bei den Angehörigen und Freunden für das Unrecht zu entschuldigen, das sie ihnen vielleicht angetan hatten. Falls ein Sterbender seine Erbangelegenheiten noch nicht geordnet hatte, ließ er einen Notar zu sich rufen und legte seinen Letzten Willen nieder, oder er bat die Anwesenden, diesen zu bezeugen. Am Sterbelager wurden lange Gebete gesprochen und Heilige inständig angefleht, dem Kranken auf seinem letzten Weg den nötigen Beistand zu leisten.

Wenn der Tod eingetreten war, schloß man die Augen und den Mund des Verstorbenen. Da die meisten Menschen unbekleidet ins Bett gingen, mußten die Toten angekleidet werden. Danach wickelte man den Gestorbenen in ein großes Leichentuch oder nähte ihn darin ein. Anschließend wurde der Tote ein oder zwei Tage aufgebahrt; ständig brennende Kerzen neben der Totenbahre sollten die Dämonen und Geister vertreiben, und Weihrauch diente dazu, den rasch zunehmenden Verwesungsgeruch so gut wie möglich zu überdecken.

Die Leichenwache hielten Angehörige und Freunde, die Gebete sprachen und Psalmen sangen. An der Bahre so mancher Leiche wurde aber auch getanzt und ausgelassen gescherzt. Das bedeutete jedoch nicht, daß man keinen Anteil nahm und es an Respekt mangeln ließ. Dieses von der Kirche wiederholt heftig angeprangerte Verhalten zeugt vielmehr von der großen Unbefangenheit, mit der die Menschen des Mittelalters dem Tod begegneten.

Während Angehörige und Gefolgsleute einen Sterbenden umsorgen, informiert sich dessen Sohn über die Höhe des Erbes (oben). Gute und böse Kräfte streiten um die Seele eines todkranken Mannes (links).

Auf dem Friedhof verlas man den Letzten Willen des Toten, der darauf ins offene Grab gelegt und mit Weihwasser besprengt wurde. Der Priester und nach ihm die Hinterbliebenen warfen etwas Erde auf den Leichnam, der nur selten in einem Sarg lag. Den meisten Toten diente nur das Leichenhemd als letzte Hülle. Mit Ausnahme der Wohlhabenden, die sich ein Einzelgrab leisten konnten, wurden die Toten in eine große Grube gelegt, in der schon andere Leichen begraben worden waren. Stieß man bei einer Beerdigung auf Knochen, so brachte man diese in das an der Friedhofsmauer gelegene Beinhaus.

DIE GROSSEN WALLFAHRTEN DES MITTELALTERS

Reisen im Mittelalter war mit zahlreichen Gefahren, mit Not und Entbehrung verbunden. Dies galt nicht nur für die Fernkaufleute, die mit ihren Dienern von Marktplatz zu Marktplatz zogen, sondern in verstärktem Maß auch für die Pilger, die monate- und teilweise sogar jahrelang unterwegs waren, bis sie an das Ziel ihrer beschwerlichen Wallfahrt gelangten.

Zu den beliebtesten Wallfahrtsstätten der deutschen Pilger zählten die Heiligtümer des Erzengels Michael, darunter der in Apulien liegende Monte Gargano und der Mont-Saint-Michel vor der Normandieküste. Die drei bedeutendsten Wallfahrtsziele des Mittelalters waren Rom, Santiago de Compostela und Jerusalem. Rom wurde von deutschen Pilgern viel besucht, da die Strecke nach Süditalien in wesentlich kürzerer Zeit bewältigt werden konnte als die beschwerlicheren und längeren Pilgerreisen nach Galicien oder ins Heilige Land.

Die meisten deutschen Rompilger wanderten durch die Schweiz bis nach Bellinzona, wo sich zwei Routen vereinigten. Von dort ging es weiter über Como, Pavia, Piacenza, Parma, Lucca und Siena bis in die Papststadt. Im Frühmittelalter als „Straße des heiligen Petrus" bekannt, nannte man diese vielbereiste Strecke auch *Via francigena*, „Frankenstraße".

Es gab mehrere Beweggründe, eine Pilgerreise anzutreten. Entwe-

Canterbury, wo Thomas Becket ermordet wurde, zählt zu den berühmtesten Wallfahrtsorten Englands (oben). Links sieht man einen Reliquienschrein.

der galt es, ein Gelübde zu erfüllen, oder die Wallfahrt war von der Kirche als Buße für besonders

schwere Sünden verhängt worden. Da die Wallfahrten nach Santiago de Compostela und insbesondere nach Jerusalem nicht nur sehr lange dauerten, sondern auch zahlreiche Gefahren bargen, entzogen sich viele Wohlhabende dem beschwerlichen Bußgang. Sie bezahlten wagemutige Männer dafür, an ihrer Stelle die Strapazen der Reise auf sich zu nehmen.

Die Pilger, die sich mit breitkrempigen Hüten gegen die Sonne schützten, legten in ihren schweren Mänteln täglich bis zu 35 km zurück. Sie übernachteten am Wegesrand oder in den von frommen Bruderschaften errichteten Herbergen, welche die Pilgerstrecken säumten. Zahlreiche Reisende erreichten nie ihr Ziel; einige starben an Erschöpfung, und viele Pilger wurden von Wegelagerern ausgeraubt und ermordet.

Eine Frau reicht einer Gruppe von hungrigen Pilgern Erfrischungen (oben). Pilgerzeichen aus Metall wurden an den großen Wallfahrtsorten verkauft.

134

GEISSLERZÜGE UND „BRUNNENVERGIFTER"

Die Pest, die Mitte des 14. Jh. ganze Familien ausrottete und viele Dörfer und Städte weitgehend entvölkerte, änderte das Verhältnis der Menschen zum Tod. Das alltägliche Grauen ließ viele von ihnen abstumpfen, und angesichts des Massensterbens verloren die meisten die Ehrfurcht vor den Toten. Leichen lagen am Wegesrand oder wurden auf Karren in Massengräber außerhalb der Stadtmauern gebracht; feierliche Begräbnisse waren in dieser Zeit seltene Ausnahmen.

Den allgegenwärtigen Tod vor Augen, reagierten die Menschen sehr unterschiedlich. Viele von ihnen schlossen sich Geißlerbruderschaften an, um öffentlich Buße zu tun. Die Geißler oder Flagellanten sahen in der Pest eine Strafe Gottes für die sündigen Menschen. Durch Selbstgeißelung glaubten sie Vergebung zu erlangen. Wie bei einer Prozession zogen sie in Gruppen von hundert und mehr Menschen mit entblößten und von blutigen Striemen gezeichneten Oberkörpern in Zweierreihen von Stadt zu Stadt.

Die Flagellanten machten großen Eindruck auf die Menschen. Nach einer öffentlichen Geißelungszeremonie wischte man ihnen das Blut ab und bewahrte die blutbefleckten Tücher wie kostbare Reliquien auf. Die Anführer der Geißler gebärdeten sich zum Unmut der Kirche wie Priester; sie nahmen die Beichte ab und erteilten die Absolution

Als die Geißler merkten, daß trotz ihrer Prozessionen die Pest weiter wütete – tatsächlich haben die Flagellanten den Schwarzen Tod in manche vorher pestfreie Stadt sogar eingeschleppt –, stimmten sie in die Haßtiraden ein, die den Juden entgegenschlugen. In ihnen hatte man einen Sündenbock gefunden; sie wurden als „Brunnenvergifter" beschimpft und zu Tausenden niedergemetzelt. Die Grausamkeit, mit der man die Juden verfolgte, veranlaßte ganze Judengemeinden dazu, in ihren Synagogen den Freitod zu suchen. Mit dem Abflauen der Pest ließen auch die Ausschreitungen gegen die Juden nach; die Geißler wurden 1349 zu Ketzern erklärt und viele ihrer Führer hingerichtet.

Frauen trauern um einen Toten, den sie in ein Leichentuch hüllen (oben). Rechts sieht man eine feierliche Begräbniszeremonie.

LEBEN IM BENEDIKTINERKLOSTER

Die Mönche in den Klöstern des Mittelalters bilden eine kleine, meist nicht mehr als 100 Menschen umfassende religiöse Gemeinschaft, die ihr Leben dem Gebet und der Arbeit widmet. Die Grundsätze des Lebens in einem Benediktinerkloster richten sich nach der im 6. Jh. verfaßten Regel des heiligen Benedikt von Nursia. Besonders wichtig sind der Verzicht auf persönliches Eigentum, Keuschheit und der absolute Gehorsam gegenüber dem Abt, dem die Klosterleitung obliegt. Ohne die Erlaubnis des Abtes dürfen die Mönche das Kloster nicht verlassen.

Der Abt, den die Mönche auf Lebenszeit wählen, wird bei der Leitung des Klosters vom Prior unterstützt. Zur Beratung besonders wichtiger Fragen kommt manchmal auch die Gemeinschaft aller Brüder im großen Kapitelsaal zusammen.

Das Klosterleben ist vom gemeinsamen Gebet bestimmt, mehrmals täglich beten die Mönche im Oratorium oder in der Klosterkirche. Die Mahlzeiten werden im Refektorium, dem großen Speisesaal, eingenommen; der Tischdienst wechselt jede Woche. Die Benediktsregel schreibt vor, daß alle Mönche gemeinsam in einem Raum schlafen, und in diesem Dormitorium soll die ganze Nacht das Licht brennen.

Wenn die Mönche nicht beten, studieren sie die Heilige Schrift oder verrichten die verschiedenen Arbeiten, die täglich anfallen. Dazu zählt neben der Feldarbeit auch das Abschreiben von religiösen Texten im Skriptorium.

Gästeraum

Obstgarten

Abtei

Krankensäle

Skriptorium

Kapitelsaal

Abort

Vorratsräume

Waschraum

...steräume

Refektorium

Küche

...auerei

Backstube

Gemüsegarten

WISSENSCHAFT UND ABERGLAUBE

Christliche Dogmen galten im Mittelalter als unanfechtbare Wahrheiten, die von den

Wissenschaftlern nicht in Frage gestellt werden durften. Wagten sie es doch, galten sie als Ketzer,

denen ebenso der Scheiterhaufen drohte wie unzähligen „Hexen" und religiösen Sektierern.

Die Entwicklung der Wissenschaften im Mittelalter wurde lange durch die strenge Kontrolle der Kirche behindert. Jede theoretische Annahme eines Gelehrten, die gegen theologische Lehrsätze verstieß, wurde als Ketzerei verurteilt und somit wissenschaftlicher Fortschritt oft schon im Keim erstickt. Die Scholastiker, die großen Theologen an den europäischen Universitäten, glaubten, daß die Theologie bereits alle Wahrheiten beinhalte. Um diese Glaubenswahrheiten unanfechtbar zu machen, suchten sie eine rationale Begründung für sie.

Einer der bedeutendsten Scholastiker, der Franzose Peter Abälard (1079–1142), führte in seinem berühmten Werk *Sic et non* („Ja und nein") rund 160 Behauptungen der Kirchenväter auf, die sich klar zu widersprechen schienen. Abälard wollte dadurch nicht die Autorität der Kirche aushöhlen; ihm ging es um die wissenschaftliche Klärung und letztlich Aufhebung dieser Widersprüche. Dennoch stieß die Schrift auf großen Widerstand, und Bernhard von Clairvaux (1090–1153), der berühmte Gründer des gleichnamigen Zisterzienserklosters, hielt sie für ketzerisch.

Im 12./13. Jh. wurden zahlreiche Werke griechischer und arabischer Wissenschaftler in Europa bekannt, und die Theologen an den großen Hochschulen versuchten, die neuen Erkenntnisse mit der christlichen Lehre in Einklang zu bringen. Mehr Freiheit im Bereich der Naturwissenschaften brachte 1277 ein Verbot des Pariser Bischofs Pierre Etienne. Er untersagte die Behauptung, daß Gott nur die bekannte und nicht eine andere Welt erschaffen konnte. So wurde es möglich, naturwissenschaftliche Theorien zu diskutieren, wenn sie als bloßes Gedankenspiel ausgewiesen waren. Einen großen Fortschritt für die Wissenschaft bedeutete auch die mit dem Namen des englischen Philosophen Roger Bacon (1219–um 1292) verknüpfte Erkenntnis, daß theoretisch gewonnene Ergebnisse durch Experimente bestätigt werden müssen.

Alchimie war im Mittelalter eine Wissenschaft, die nicht nur von weltlichen Gelehrten, sondern auch von vielen Mönchen betrieben wurde.

In einer illustrierten Handschrift werden die Lehren des englischen Gelehrten John Wyclif (um 1320–1384) als ketzerisch verurteilt (oben). Der Glaube an Magie und Hexerei war besonders bei der Landbevölkerung verbreitet (rechts).

Einstellung, und selbst Thomas von Aquin und sein Lehrer Albertus Magnus (um 1200–1280) glaubten an Hexen. Der Hexenwahn, dem unzählige der „Teufelsbuhlschaft" verdächtigte Frauen zum Opfer fielen, gehört zu den dunkelsten Kapiteln des Mittelalters. Der Glaube an Hexen reicht weit in die vorchristliche Zeit, und nicht erst im Mittelalter hat man Frauen als Hexen verbrannt. Ihre systematische Verfolgung begann jedoch erst im 14. Jh., einer Zeit des religiösen Umbruchs, in der sich die Kirche zunehmend mit Reformgedanken auseinandersetzen mußte.

Grundsätzlich war kaum eine Frau davor gefeit, als Hexe verdächtigt und angeklagt zu werden. Oftmals reichten schon Äußerlichkeiten wie rote Haare, eine zu krumme Nase oder ein paar Warzen im Gesicht, um in den bösen Verdacht der Hexerei zu geraten. Und verendete einem Bauern das beste Stück Vieh im Stall, war schnell eine verschrobene Alte gefunden, die für den Verlust verantwortlich gemacht wurde. Brachte eine Mutter ein totes Kind zur Welt, lief die Hebamme Gefahr, der Hexerei beschuldigt zu werden. Wenn eine Hebamme glaubte, daß ein Kind die Geburt nicht überleben würde, sollte sie es taufen; war sie eine Hexe, bestand allerdings die Gefahr, daß sie das Kind dem Teufel weihte.

Noch im 14. Jh. gab es in der Bevölkerung erhebliche Widerstände gegen die Hexenverfolgung, doch im 15. Jh. erhielten die Hexenjäger päpstliche Unterstützung. Papst Innozenz VIII. erklärte in einer Bulle, „daß es in einigen Gebieten Oberdeutschlands … Menschen gibt, die, ohne an ihr Heil zu denken, vom wahren Glauben abgefallen sind, mit Teufeln in männlicher und weiblicher Gestalt Unzucht treiben und durch Zauberei mit Hilfe des Teufels die Geburten der Frauen, die Nachkommenschaft der Tiere, die Früchte des Bodens, die Weinberge, das Obst auf den Bäumen, Men-

Bacon befaßte sich u. a. auch mit der Astrologie, die im Mittelalter eine anerkannte Wissenschaft war. Viele Wissenschaftler glaubten, daß die Sterne zwar auf die Natur Einfluß nehmen können, jedoch nicht in der Lage seien, den Willen des Menschen zu steuern. Es gab jedoch auch Gelehrte, welche die Auffassung vertraten, daß mit Hilfe der Astrologie das gesamte Schicksal eines Menschen zu ergründen sei. Diese Meinung verurteilte Thomas von Aquin (1225–1274), einer der bedeutendsten Scholastiker des Mittelalters, als Aberglaube, und auch Bacon versuchte nachzuweisen, daß der Lauf der Sterne und das Schicksal nicht unauflösbar miteinander verknüpft sind.

HEXENVERFOLGUNG

Ebenso wie der Glaube an bestimmte Formen der Astrologie in den Augen der Kirche als Aberglauben abgetan wurde, so galt auch lange der Volksglauben an Magie und Hexerei als heidnische Verirrung. Im Lauf des Mittelalters wandelte sich diese

schen und Tiere … zugrunde richten". Auf diese Bulle beriefen sich die zwei berüchtigtesten Hexenjäger des Mittelalters, die Dominikaner Heinrich Institoris und Jakob Sprenger. Sie verfaßten den Hexenhammer, ein 1487 veröffentlichtes Gesetzbuch, das die verschiedenen Formen der Hexerei zusammenfaßt. Den Abschluß des Werkes bildet eine Prozeßordnung, die letztlich auf die „Ausrottung oder wenigstens die Bestrafung durch die gebührende Gerechtigkeit" abzielt. Die Verfasser des Hexenhammers schlossen es zwar nicht aus, daß sich auch Männer der Hexerei schuldig machten, doch tatsächlich wurden fast nur Frauen angeklagt und verurteilt. Dies war in den Augen Sprengers und Institoris' jedoch leicht erklärbar, da Frauen aufgrund ihrer zügellosen Begierde und ihrem schwachen Charakter leichter einem Dämon anheimfielen als die Männer. Die Hexenjäger sahen in jeder Frau „einen Feind der Freundschaft, eine unausweichliche Strafe, ein notwendiges Übel, eine natürliche Versuchung, eine begehrenswerte Katastrophe, eine häusliche Gefahr, einen erfreulichen Schaden, ein Übel der Natur".

War man aufgrund der bloßen Denunziation mißgünstiger Nachbarn erst einmal angeklagt, gab es kaum noch ein Entrinnen. Der Hexenhammer wendete jede scheinbare Entlastung in ihr Gegenteil; war die Angeklagte trotz der Folter nicht zu einem Geständnis zu bewegen, machte sie sich der „Sünde des Schweigens" schuldig. Die Hexenjäger hielten es für völlig unmöglich, die Qualen zu überstehen, ohne zu gestehen. Dies war nur mit der Hilfe des Satans möglich, und wer schwieg oder leugnete, stand folglich mit dämonischen Kräften im Bund. Doch trotz dieses „Beweises" konnte man gemäß den geltenden Vorschriften erst ein Urteil sprechen, wenn die Hexe gestanden hatte. So wurde sie ein zweites oder drittes Mal gefoltert, obwohl dies verboten war. Die weiteren Folterungen erklärten die Hexenjäger einfach zu Fortsetzungen der ersten, mit der sie eine Einheit bildeten.

Zahllose Angeklagte starben in der Folterkammer; wer aus Angst vor weiteren Grausamkeiten gestand, wurde verbrannt. Da die Frauen zur Denunziation weiterer Hexen aufgefordert wurden, folgte einem Hexenprozeß schnell der nächste, und in vielen Dörfern fiel die Hälfte aller Frauen dem Hexenwahn zum Opfer.

KETZER

Nach Ansicht der Kirche verehrten die Hexen den Teufel und andere Dämonen und machten sich somit der Sünde der Ketzerei schuldig. Die Verfolgung von Anhängern angeblicher religiöser Irrlehren als Ketzer begann schon vor dem Hexenwahn des Spätmittelalters. Bis zum Beginn des 12. Jh. gab es keine gezielte Verfolgung von Ketzern, und erst ab etwa 1120 ging man härter gegen vermeintliche Abweichler vom katholischen Glauben vor. Ihnen drohten Enteignung, Verbannung oder Gefängnis, jedoch nur in seltenen Ausnahmefällen die Todesstrafe. Eine Verschärfung des Vorgehens gegen Ketzer brachte die Regierungszeit von Papst Innozenz III. (1198–1216). Er rief zum Kreuzzug gegen die Katharer auf, eine Sekte, die in Südfrankreich zahlreiche Anhänger hatte. 1209 begann der Kampf gegen die Katharer, der erst 1229 beendet wurde und Zehntausenden das Leben kostete. Nur selten gab man ihnen die Möglichkeit, ihrem Irrglauben abzuschwören, und wenn dies dennoch geschah, so erwiesen sich die Ketzer als standhaft und wurden verbrannt.

Auch nach Abschluß des Kreuzzugs gegen die Katharer verfolgten die Inquisitoren, päpstliche Untersuchungsbeamte, die überwiegend dem Dominikanerorden angehörten, Anhänger christlicher Sekten als Ketzer. Im Jahr 1252 gestattete Papst Innozenz IV. die Anwendung der Folter, um ein Geständnis zu erzwingen. Die Strafen für die Ketzer reichten vom Tragen eines Bußkreuzes oder einer Zwangswallfahrt nach Santiago de Compostela oder nach Jerusalem bis hin zu Gefängnisstrafen und der Verbrennung auf dem Scheiterhaufen.

Bis zu den Hexenprozessen blieb Deutschland von der Inquisition weitgehend verschont, vereinzelt wurden jedoch auch hier Ketzer angeklagt und verurteilt. Zu den Sekten, die im 14. Jh. in Deutschland verfolgt wurden, zählten die Begarden, die bettelnd von Stadt zu Stadt zogen. Sie selbst nannten sich „Brüder und Schwestern von der Sekte des freien Geistes" und behaupteten, daß sie nicht Gott, sondern nur ihrer inneren Stimme folgen müßten. Ihrer Ansicht nach war Christus am Kreuz nur für sich selbst gestorben. Sie lehnten die Beichte ab und glaubten nicht an die Existenz der Hölle.

Als Ketzer galten auch die Waldenser, eine Laienbewegung, die nach dem Vorbild Jesu in

STERNDEUTUNG

Widder, Jungfrau, Waage und Schütze – Tierkreiszeichen in Handschriften des 15. Jh.

„Wer am ersten Tag nach einem Vollmond krank wird, der wird es lange Zeit sein. Ein Kind, das an diesem Tag zur Welt kommt, wird reich und glücklich werden.

Der zweite Tag nach einem Vollmond ist ein hervorragender Tag, um sehr gute Geschäfte abzuschließen und um eine Seereise zu beginnen.

Wenn ein Verbrecher seine Tat am dritten Tag nach Vollmond begeht, wird er wahrscheinlich schnell gefaßt werden.

Wer ein Haus oder etwas anderes bauen will, sollte möglichst am vierten Tag nach Vollmond damit beginnen.

Der fünfte Tag nach Vollmond ist ein guter Tag, um ein Kind zu empfangen.

Der sechste Tag nach Vollmond ist der beste Tag zum Jagen und zum Fischen.

Der siebte Tag nach Vollmond ist ein guter Tag, um sich mit jemandem zu treffen und um sich zu verlieben.

Wer am achten Tag nach Vollmond erkrankt, wird mit großer Sicherheit sterben.

Am neunten Tag nach Vollmond sollte man sich nicht dem Licht des Mondes aussetzen, da man sonst verrückt werden kann.

Wer am zehnten Tag nach Vollmond geboren wird, dem winkt dieses Schicksal: Er wird ein Wanderer mit unruhigem Gemüt sein."

Aus einem astrologischen Handbuch des 14. Jh.

Armut lebte und in Deutschland zahlreiche Anhänger hatte. Im Jahr 1393 mußten sich in Augsburg über 200 Waldenser vor Inquisitionsgerichten verantworten, und in einer kleinen bayerischen Ortschaft starben im selben Jahr zehn Waldenser auf dem Scheiterhaufen.

Die Waldenser hatten das Ideal der Armut auf ihre Fahnen geschrieben, und Armut und Gleichheit zeichneten auch nach Meinung des englischen Gelehrten John Wyclif (um 1320–1384) die wahre Gemeinschaft der Christen aus. Reichtum und Macht sah er zwar als unvermeidliche, durch den Sündenfall ausgelöste Übel an, doch sollten sie auf weltliche Herren beschränkt bleiben. Wyclif bestritt den Machtanspruch des Papstes und forderte die Geistlichen zu einem Leben in Armut auf. Dem König riet er, die kirchlichen Besitztümer einzuziehen. Nicht nur solche Äußerungen brandmarkten

Wyclif in den Augen der Kirche als Ketzer, als Irrlehre angesehen wurde auch seine Unterscheidung der wahren Christengemeinschaft von der tatsächlich existierenden Kirche. Wyclif hielt es sogar für möglich, daß Kleriker, ja selbst der Papst, nicht der Gemeinschaft der wahren Christen angehörten.

Der Kirche gelang es nicht, Wyclif zur Verantwortung zu ziehen. Im 14. Jh. stand das Papsttum, das seit 1309 in Avignon residierte, unter französischem Einfluß, und in England herrschte eine antipäpstliche Stimmung, die sich mit dem Ausbruch des 100jährigen Krieges im Jahr 1337 noch verschärfte. So genoß Wyclif die Protektion der Krone, und erst Anfang der 80er Jahre fiel der Gelehrte in Ungnade. Doch obwohl er für den englischen Bauernkrieg mitverantwortlich gemacht wurde, überließ man Wyclif, dessen Ideen in der Reformation nachwirkten, nicht den Häschern des Papstes.

RELIQUIENKULT

Die sterblichen Überreste von Heiligen und Märtyrern erfuhren große Verehrung, und Amulette waren begehrte Glücksbringer.

Die Menschen des Mittelalters glaubten, daß Reliquien vor bösen Geistern und dem Teufel sowie vor Krankheiten schützen und ihrem Besitzer Ansehen, Wohlstand und Macht verschaffen konnten. In fast jeder Kirche wurde eine Reliquie verehrt, eine Urne mit der Asche eines Heiligen, ein Kleidungsstück eines christlichen Märtyrers oder ein anderer heiliger Gegenstand.

Im Turiner Dom wollten die Gläubigen das Grabtuch Christi sehen, obwohl dessen Echtheit schon damals nicht unbestritten war. In Ostia bewahrte man einen der Steine auf, mit denen der heilige Stephanus getötet worden sein soll, und in Aachen verehrte man ein Lendentuch Christi und ein Gewand von Johannes dem Täufer. Im spanischen Oviedo waren die Gläubigen stolz auf ein Tuch, das Christus als Kissen gedient haben soll. Diese und viele andere Heiligtümer in den europäischen Gotteshäusern lockten zahllose Gläubige an, die sich wahre Wunderdinge von den Reliquien versprachen. Tücher, mit denen sie einen heiligen Gegenstand berührt hatten, wurden wie ein wertvoller Schatz gehütet.

Reliquien waren so beliebt, daß mit ihnen regelrecht Handel getrieben wurde. Kleine Schreine mit Erde aus dem Heiligen Land, Fläschchen mit Blut, das angeblich von einem heiligen Leichnam stammte, dessen Wun-

Schon im Mittelalter war das Turiner Grabtuch Gegenstand von Spekulationen.

den sich immer wieder öffneten, und ähnliche Reliquien wurden zur Massenware. Das Geschäft blühte, und da sich der Handel mit den „heiligen" Kostbarkeiten als sehr einträglich erwies, versuchten Betrüger die Leichtgläubigkeit der Pilger auszunutzen.

Hin und wieder meldeten sich auch Kritiker des Reliquienwesens und des Geschäfts mit den vermeintlich heiligen Gegenständen zu Wort. Ein Franziskanermönch sagte, daß nicht einmal zwölf Ochsen in der Lage wären, alle Stücke vom Kreuz Christi zu ziehen, die von betrügerischen Händlern unter das Volk gebracht wurden.

Auf dem Laterankonzil von 1215 versuchte die Kirche den Mißbrauch von Reliquien einzudämmen, doch vorher hatte sie selbst von deren Verkauf profitiert. Die meisten Geistlichen billigten auch das Tragen von Amuletten; dies konnten Ringe sein oder Broschen, ein winziges mit Edelsteinen besetztes Medaillon oder andere vermeintliche Glücksbringer. Sie sollten

Dieses reichgeschmückte Kreuz soll Stoff von Christi blutbeflecktem Gewand enthalten. Ein zweiflügeliges Altarbild (14. Jh.), das als Reliquie verehrt wurde (oben).

Fromme Pilger am Grab des Erzbischofs Thomas Becket, der 1170 in der Kathedrale von Canterbury ermordet wurde.

Der goldene Kopf des heiligen Eustachius, eines der vierzehn Nothelfer, die seit dem 14. Jh. um Hilfe angerufen wurden.

ihre Träger vor Krankheit und vor Unglück bewahren: ein Amulett, das eine steinerne Spinne enthielt, sollte beispielsweise den Besitzer vor Fieber schützen, und eines mit Wolfsmist sollte vor Koliken bewahren. Schützende Kraft besaßen auch kleine Ampullen, die mit Senfsamenkörnern oder ein paar Tropfen Öl gefüllt waren. Der symbolträchtige Inhalt dieser Fläschchen erinnerte ihre Besitzer an das Leben und Leiden Jesu Christi.

Durch die Kreuzfahrten und die Plünderung Konstantinopels im Jahr 1204 gelangten zahllose Reliquien und Amulette nach Europa. Ein elsässischer Graf erhielt vom Patriarchen von Jerusalem eine Phiole mit dem Blut Christi, und König Ludwig IX. von Frankreich brachte 1239 die Dornenkrone Jesu in die Pariser Kathedrale Notre-Dame.

Da sich die Reliquien von Heiligen besonderer Wertschätzung erfreuten, kam es immer wieder zu Grabplünderungen. In einem mittelalterlichen Pilgerführer wird vor der Überführung der sterblichen Überreste von Heiligen gewarnt, da dies ihre Ruhe störe. Grabräuber rechtfertigten sich mit dem Hinweis, die Heiligen hätten sich einem Ortswechsel widersetzen können.

SCHULEN UND UNIVERSITÄTEN

Der Lehrplan an den mittelalterlichen Universitäten stand im Zeichen der Religion, und an den großen Universitäten galt die Theologie als die Krone der Wissenschaften. Praktische Kenntnisse erwarben die Söhne von Handwerkern und Kaufleuten an den städtischen Elementarschulen.

Bis zum 12. Jh. lag das Bildungswesen ausschließlich in den Händen der Kirche. Es gab keine Schulpflicht, und die Klosterschulen standen nur Mönchen offen und Laien, die für eine geistliche Laufbahn vorgesehen waren. Viele Klöster hatten eigene Unterrichtsräume für die Laien, damit die Klosterschüler nicht in ihren frommen Studien gestört wurden.

Der Schulalltag begann für die Kinder erst nach der Vollendung des 7. Lebensjahrs und währte acht Jahre. Da die jungen Mönche fest in das Klosterleben eingebunden waren, ergänzten handwerkliche Tätigkeiten oder Feldarbeit die schulische Ausbildung. Neben Unterricht und Mönchspflichten blieb keine Freizeit.

Der Elementarunterricht für die jüngeren Schüler umfaßte Lesen und Schreiben in lateinischer Sprache und in einigen Schulen auch Grundkenntnisse im Rechnen. Darüber hinaus lernte man christliche Lieder und Psalmen auswendig. Festgelegte Lehrpläne gab es allerdings nicht, und letztlich blieb es den Klerikern, den Leitern der Klosterschule, vorbehalten, wie sie ihren Unterricht gestalteten.

Um das Jahr 1000 schrieb ein Mönch ein fiktives Gespräch zwischen einem Lehrer und seinen Schülern auf. Diese Unterhaltung gibt eine gute Vorstellung von dem Leben der Klosterschüler im Mittelalter und zeigt, daß Unterricht und Klosterleben eine Einheit bildeten. Auf die Frage des Lehrers, was die Schüler vor dem Unterricht getan haben, antwortet ein junger Mönch: „Heute nacht, als wir das Zeichen hörten, sind wir aufgestanden und mit den anderen Brüdern in die Kirche gegangen. Gemeinsam sangen wir das Morgengebet und danach die Litanei von allen Heiligen ... später dann die Prim (Gebet zur ersten Stunde um sechs Uhr), die sieben Psalmen mit den Litaneien und die Frühmesse. Nach der Terz (Gebet zur dritten Stunde) haben wir die Messe gefeiert. Später sangen wir die Sext (Gebet zur sechsten Stunde), worauf wir aßen und kurz schliefen. Nachdem wir die Non (Gebet zur neunten Stunde) gesungen haben, sind wir nun zu dir gekommen und sind bereit zu hören, was du

ZEITZEUGNIS

„NIEMAND SOLL EINE ZU HOHE MIETE BEZAHLEN"

„Wir wollen, daß alle Professoren und Studenten ... für alle Zeiten in Heidelberg und all unseren Landen von Steuern und Zöllen befreit sind, was Güter wie Wein, Korn, Fleisch, Fisch, Tuch und alles, was sie sonst noch benötigen, angeht ... Wir wollen, daß jedes Jahr nach Weihnachten ein Professor und ein Heidelberger Bürger bestimmt werden, die geloben sollen, der Schätzung der Häuser beizuwohnen, in denen die Professoren und Studenten wohnen sollen. Niemand soll eine zu hohe Miete bezahlen, und die Hausbesitzer sollen sich mit dem Ergebnis der Schätzung abfinden, falls ihnen an der Jahresmiete gelegen ist. Falls die Professoren oder Studenten ein leerstehendes Haus finden, so dürfen sie es schätzen lassen und einziehen, wenn sie dem Hausbesitzer vor dem Rektor einen Bürgen nennen können, der für die Mietzahlungen aufkommt."

Aus einem Erlaß des Pfalzgrafen Ruprecht, 1386

Diese spätmittelalterliche Handschrift zeigt einen Lehrer im Kreis seiner Schüler. Rechts sieht man einen italienischen Prinzen, der Privatunterricht erhält.

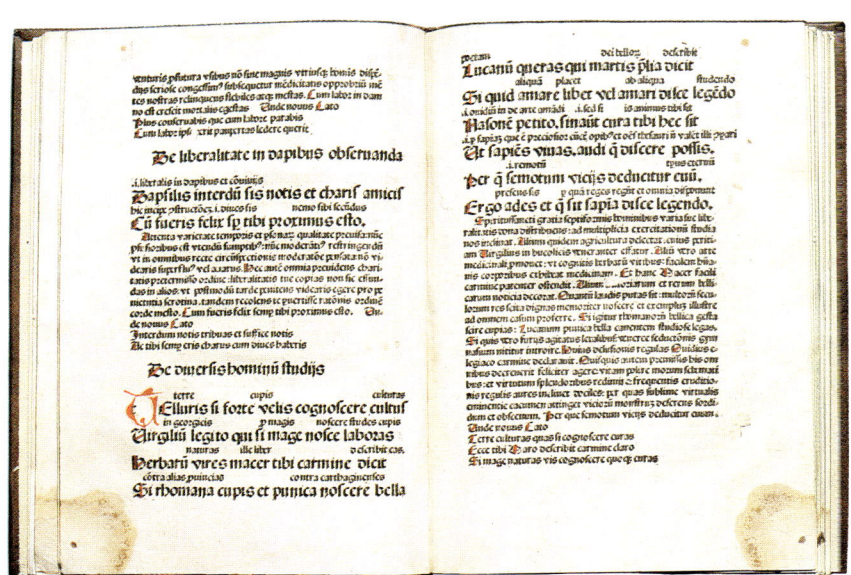

uns lehren willst … Wir bitten dich, daß du uns in Latein unterweist, da wir nichts wissen und unsere Rede voller Fehler ist." Auf die Frage, ob sie geschlagen werden wollen, antworten die Schüler: „Lieber erhalten wir Schläge, um besser zu lernen, als daß wir nichts begreifen."

STÄDTISCHE SCHULEN UND UNIVERSITÄTEN

Die Ausbildung an einer geistlichen Schule war für Klosterangehörige oder kirchliche Verwaltungsbeamte bestimmt. Ein angehender Kaufmann oder ein städtischer Beamter benötigte jedoch Kenntnisse, die weit über das hinausgingen, was in den Klosterschulen gelehrt wurde.

Die meisten Kaufleute verständigten sich auf Latein, doch war die Beherrschung einer Fremdsprache hilfreich, wenn man im Ausland Geschäfte machen wollte. Die Buchhalter mußten mit allen Kniffen des Rechnungswesens vertraut sein, und immer kompli-

Der Unterricht an den Klosterschulen und Universitäten erfolgte in lateinischer Sprache.

zierter werdende Verträge erforderten juristische Kenntnisse, die mit dem Kirchenrecht, das an den geistlichen Schulen gelehrt wurde, nichts gemeinsam hatten.

Obwohl die Kirche ihr Bildungsmonopol nur ungern aufgeben wollte, entstanden in den Städten Schulen, deren Lehrpläne den neuen Erfordernissen Rechnung trugen. Die Kinder von Handwerkern besuchten kleine Elementarschulen, in denen nicht mehr Latein, sondern die Sprache des jeweiligen Landes gesprochen wurde.

Neben geistlichen und städtischen Schulen entwickelten sich im 12. Jh. die ersten Universitäten, Vereinigungen von Gelehrten und Scholaren, die ihre Studien anfänglich auf der Straße oder in Privaträumen betrieben. Vom Papst oder vom Kaiser, einer der zwei Universalgewalten, mit den Privilegien der Lehrfreiheit und Selbstverwaltung ausgestattet, entwickelten sich die Universitäten zu den bedeutendsten Bildungszentren des Mittelalters. Zu den ersten Universitäten zählten die Hochschulen von Bologna (1118) und Paris (1150), erst im 14. Jh. entstanden die ersten deutschen Universitä-

Das Kopieren von Büchern war eine langwierige und eintönige Arbeit.

DIE SCHWARZE KUNST

Eine der wichtigsten Errungenschaften des Mittelalters, der Druck

mit beweglichen Lettern, machte das Buch zur Massenware.

Im Mittelalter entstanden die Bücher in mühevoller Handarbeit, und die Mönche in den Schreibstuben der Klöster arbeiteten oft mehrere Monate an der Abschrift einer Bibel oder eines anderen Buches. Da die Mönche den stetig zunehmenden Bedarf an Büchern nicht decken konnten, entstanden in den Städten zahlreiche Schreib-

Die Stundenbücher, welche die Texte der täglichen Gebete enthielten, waren mit farbenprächtigen Illustrationen ausgestattet.

Kunstvoll verzierte Buchstaben schmücken die Bücher des Mittelalters (Winchester Bibel).

werkstätten, in denen mehrere Zeichner und Schreiber beschäftigt waren. Nur sehr reiche Kunden konnten sich ein Buch leisten, und selbst als Ende des 14. Jh. Papier das teure Pergament zu verdrängen begann, blieben Bücher für die meisten Menschen unerschwinglich.

Der Druck mit Holztafeln, aus denen Holzschnitzer Buchstaben herausarbeiteten, bedeutete einen großen Fortschritt. Beliebig viele Bücher konnten jedoch auf diese Weise nicht hergestellt werden, da sich die hölzernen Druckplatten schnell abnutzten.

Mitte des 15. Jh. erfand der Mainzer Johannes Gutenberg den Buchdruck mit beweglichen Lettern aus Metall. Die erhaben geschnittenen Buchstaben wurden in einen Kupferblock geschlagen, wodurch Matrizen entstanden. In diese füllte man eine Lösung aus Antimon, Blei und Zinn und konnte so zahllose Buchstaben herstellen. Die gegossenen Typen, die alle gleich hoch sein mußten, um eine ebene Druckoberfläche zu gewährleisten, wurden in einer

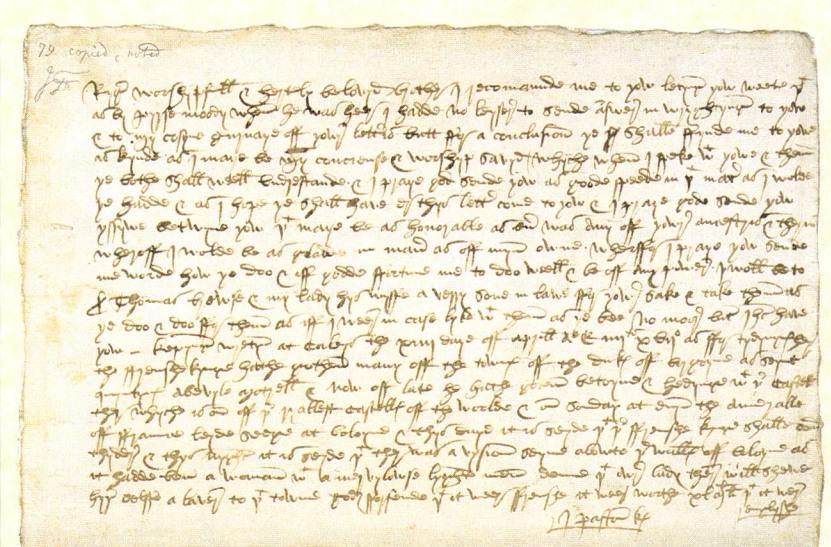

Nur 15 Jahre nach Gutenbergs Tod (1468) wurde in ganz Europa mit beweglichen Lettern gedruckt.

Presse verkeilt und mit Drucker-schwärze gefärbt.

Gutenberg mußte seine Werk-statt kurz nach Abschluß der berühmten 42zeiligen Bibel (1456) an einen Gläubiger abtreten; die Früchte seiner epochalen Erfin-dung ernteten andere.

Diese Illustration zeigt William Caxton, den bedeutendsten eng-lischen Buchdrucker des 15. Jh.

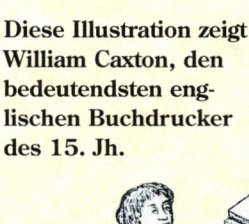

Schreiben war im Mittelalter eine Kunst, die nur von wenigen beherrscht wurde (Brief eines englischen Adligen, 1477).

147

ten, die Hochschulen von Prag (1348), Wien (1365) und Heidelberg (1386). Insgesamt wurden in ganz Europa bis zum Ende des 15. Jh. rund 75 Universitäten gegründet.

An den großen Hochschulen des Mittelalters studierte man Rechtswissenschaft, Medizin und nicht zuletzt auch Theologie. Bevor sich ein Student für einen oder auch mehrere dieser Fachbereiche entscheiden durfte, mußte er zunächst die Artistenfakultät besuchen. Der Lehrplan dieser Fakultät umfaßte grammatische, mathematische und philosophische Studien, wobei insbesondere die Schriften des griechischen Philosophen Aristoteles kommentiert wurden.

Im Lauf des 12. Jh. war das Gesamtwerk des Aristoteles durch Übersetzungen aus dem Arabischen und aus dem Griechischen in ganz Europa bekannt geworden und in den Mittelpunkt wissenschaftlicher Interessen gerückt. Da viele philosophische Aussagen des Aristoteles im Gegensatz zu christlichen Lehrsätzen standen, versuchten die Theologen mit Hilfe von komplizierten Interpretationen die Widersprüche aufzulösen. Immer wieder bemühten sich kirchliche Stellen, die

Gesenkten Hauptes lauscht ein Schüler den eindringlichen Ermahnungen seines Lehrers (oben). Ein Student verteilt Bücher an seine Kameraden (links).

Lektüre aristotelischer Schriften zu verbieten, doch letztlich blieben solche Anstrengungen erfolglos.

Der Lehrbetrieb an den Hochschulen war bis ins kleinste Detail geregelt. So liest man in den Statuten der Universität von Bologna, die in der ersten Hälfte des 14. Jh. verfaßt wurden: „Das Studium beginnt jedes Jahr am 10. Oktober, und wenn dies ein Feiertag ist, fängt der Lehrbetrieb am nächsten Tag an ... Die Rektoren und Räte dürfen den Beginn des Unterrichts nicht verschieben, und sie dürfen zu diesem Zweck keine Universitätsversammlung einberufen ... Es wird verfügt, daß die Professoren ihre Vorlesungen im Zusammenhang halten müssen, nicht nach ihrem Gutdünken Ferien machen dürfen und die Vorlesungen nur an Feiertagen ausfallen lassen dürfen ... Kein Professor des Kirchenrechts darf seine Vorlesungen beginnen, bevor das Primläuten der Glocke von San Pietro beendet ist. Schon vor dem Ende des Läutens muß er sich jedoch in den Hörsälen oder in ihrer Nähe aufhalten. Sobald das Läuten beendet ist, muß er mit der Vorlesung beginnen." Es werden noch zahllose weitere Vorschriften aufgelistet, und bei Verstößen mußten die Professoren und Studenten eine Buße bezahlen. Überwacht wurde die Einhaltung der Statuten von Studenten.

HÄTTEN SIE'S GEWUSST?

Der Erwerb eines Doktortitels an einer mittelalterlichen Hochschule war nicht nur an ein langwieriges, entbehrungsreiches Studium geknüpft, sondern auch ein kostspieliges Unterfangen. Die Studenten mußten ein großes Essen für die Professoren veranstalten und ihren Lehrern und deren Ehefrauen Geschenke machen. Einige Professoren besserten mit dem Verkauf von Doktortiteln sogar ihr Einkommen auf.

STUDENTENLEBEN

Da die Professoren in lateinischer Sprache lasen, war die Grundvoraussetzung für den Besuch einer mittelalterlichen Universität die Beherrschung des Lateinischen. Die jüngsten Studenten, die zwölf oder 13 Jahre alt waren, konnten ihre Lateinkenntnisse in der Artistenfakultät noch verbessern, um später den Vorlesungen in den höheren Fakultäten ohne Schwierigkeiten folgen zu können. Vor der Einschreibung und für alle Prüfungen mußten Gebühren entrichtet werden, von denen sich mittellose Studenten allerdings befreien lassen konnten.

Untergebracht waren die meisten Studenten in den Bursen, studentischen Gemeinschaftshäusern, in denen strenge Vorschriften galten. Wie in der Universität durfte auch in den Bursen ausschließlich Latein gesprochen werden, und es wurde darüber gewacht, daß die Studenten regelmäßig ihre Lehrveranstaltungen besuchten und ihren religiösen Verpflichtungen nachkamen. Die Studenten verbrachten die Nacht in Schlafräumen für mehrere Personen und aßen gemeinsam in einem großen Speisesaal.

Die Studiendauer war von Universität zu Universität unterschiedlich; bis zum Erwerb eines Doktortitels konnten zehn und mehr Jahre vergehen. Den beschwerlichen Weg bis zur Erlangung höherer akademischer Weihen gingen jedoch nur die wenigsten Studenten; die meisten verließen die Universität schon nach wenigen Jahren, um sich einen Beruf zu suchen. Die Studenten, die sich nach vierjährigem Besuch der Artistenfakultät Magister nennen durften, verdienten ihren Unterhalt später als Schreiber oder als Lehrer an den städtischen Lateinschulen. Die Studenten, die länger an der Universität blieben und nach Beendigung der Studien in der Rechtswissenschaft, Medizin oder Theologie den Doktortitel erwarben, pflegten im Verlauf ihrer Universitätskarriere mehrere Hochschulen zu besuchen. Da die Gelehrtensprache überall in Europa Latein war, konnte man auch an den ausländischen Universitäten problemlos den Vorlesungen folgen, und nicht wenige deutsche Studenten verbrachten einen Teil ihrer Studienzeit an den berühmten Universitäten in Italien und Frankreich. Zahlreiche Studenten, die ein Studium in einem der drei höheren Fachbereiche absolvierten, unterrichteten schon vor Ablegung der Doktorprüfung an der Artistenfakultät. In Paris verlangte man im Jahr 1215, daß ein Student mindestens 21 Jahre alt sein und wenigstens sechs Jahre studiert haben mußte, bevor er selbst lehren durfte. Die Berechtigung, theologische Lehrveranstaltungen abhalten zu dürfen, erhielt man sogar erst nach Vollendung des 35. Lebensjahrs.

An den großen europäischen Hochschulen studierten junge Männer – Frauen waren im Mittelalter nicht zum Studium zugelassen – aus vielen verschiedenen Ländern und verliehen den Universitätsstädten internationales Flair. Durchschnittlich besuchten nicht mehr als 500 Studenten die Hochschulen des Mittelalters, doch gab es auch große Universitäten wie die von Paris, wo gleichzeitig rund 5000 Studenten eingeschrieben waren. An den zwölf deutschen Universitäten studierten während des 15. Jh. insgesamt rund 250 000 Männer.

ZEITZEUGNIS

STRENGE VORSCHRIFTEN

„Die Studenten an der Artistenfakultät müssen schwarze, weitgeschnittene Wollmäntel tragen ... Die Mäntel der Medizinstudenten müssen dunkelrot sein und die der Juristen purpurfarben. Die ehrwürdigen Theologiestudenten tragen die Mäntel ihres Ordens, falls sie der Geistlichkeit angehören ... Die Studenten dürfen offene Mäntel, Togen und Kapuzen tragen, wenn sie nicht an akademischen Veranstaltungen teilnehmen oder wenn sie außerhalb ihrer eigenen Unterkünfte essen. Ärmellose Westen und engsitzende Unterkleidung aus Wolle sind nicht erlaubt ... Wenn jemand auf einem Pferd reiten oder sich anderweitig sportlich betätigen will, kann er anziehen, was er will."

Kleiderordnung an der Pariser Universität, 13. Jh.

10. JAHRHUNDERT

Um 900 Das Kummetgeschirr erhöht die Zugkraft der Pferde um ein Vielfaches.

Um 910 Abt Berno gründet in Burgund das Benediktinerkloster Cluny, das zum Zentrum der abendländischen Mönchsreform wird.

Blüte der abendländischen geistlichen Musik im Kloster St. Gallen.

911 Der französische König Karl der Einfältige überläßt dem Normannenführer Rollo ein Lehen in Nordwestfrankreich, das nach den neuen Herrschern Normandie genannt wird.

Der Franke Konrad I. wird zum ersten gemeinsamen König der deutschen Stämme gewählt.

919 Heinrich I. wird deutscher König.

923 Tod Rhazes', des bedeutendsten arabischen Arztes des Mittelalters, der u. a. Schriften über die Masern und Blattern verfaßte und eine genaue Beschreibung der Pocken lieferte.

927 Das Byzantinische Reich wird von einer schweren Hungersnot heimgesucht.

Um 940 In Flandern entwickelt sich eine blühende Textilindustrie.

942 Die Araber führen Kesselpauken und Trompeten in Europa ein.

Der englische König Ethelstan blättert in einem Buch, das dem heiligen Cuthbert gewidmet ist.

Um 950 Die andalusische Stadt Córdoba mit ihren Bibliotheken, Medizinschulen und einer bedeutenden Universität ist einer der geistigen Mittelpunkte Europas.

955 Otto I. besiegt in der Schlacht auf dem Lechfeld bei Augsburg die Ungarn.

962 Otto I. wird in Rom von Papst Johannes XII. zum „Römischen Kaiser" gekrönt und begründet das Heilige Römische Reich Deutscher Nation. Bis zum Jahr 1268 befindet sich Italien unter der Herrschaft deutscher Kaiser.

963 Gründung von Moni Lawra, dem ältesten der berühmten Mönchsklöster auf dem Berg Athos in Griechenland.

976 In Venedig beginnt der Bau der berühmten Markuskirche.

Um 980 Baubeginn des Mainzer Doms, eines der bedeutendsten romanischen Gotteshäuser in Deutschland.

982 Eine vereinte Streitmacht von Sarazenen und Byzantinern fügt Kaiser Otto II. in Unteritalien eine schwere Niederlage zu.

987 Mit dem Tod des französischen Königs Ludwig V. endet die Herrschaft des Geschlechts der Karolinger, die ihren Namen Karl dem Großen verdanken.

Musikanten spielen mit ihren mittelalterlichen Instrumenten zum Tanz auf.

988 Wladimir der Große, der Herrscher des Kiewer Reiches, läßt sich taufen. Unter seiner Herrschaft beginnt die Christianisierung Rußlands.

993 Bernward wird Bischof von Hildesheim. Während seiner Amtszeit erlebt die Stadt eine große wirtschaftliche und kulturelle Blüte und entwickelt sich zu einem Zentrum der ottonischen Kunst.

999 Der Erfinder und Philosoph Gerbert von Aurillac wird als Silvester II. der erste französische Papst.

Gründung der einflußreichen medizinischen Schule von Salerno als einer Gilde von geistlichen Ärzten und Laien.

Auf neuen Handelswegen gelangt eine Vielzahl von exotischen Gewürzen, die u. a. in einfachen Tongefäßen aufbewahrt werden, nach Europa.

Im Dienst der Kirche: Kreuzritter auf hoher See.

1000   Der Wikinger Leif Erikson, der Sohn Erichs des Roten, entdeckt auf einer Fahrt nach Grönland „Vinland". Dieses Land, „wo Trauben wachsen", ist das heutige, an der nordamerikanischen Ostküste gelegene Neuschottland – die tatsächliche Entdeckung Amerikas erfolgte fast 500 Jahre vor Kolumbus.

1014   Heinrich II. unternimmt seinen zweiten Eroberungszug nach Italien und wird in Rom zum Kaiser gekrönt.

Speis und Trank: ein Festmahl in fröhlicher Runde (oben). Im Jahr 1066 erregt das Erscheinen des Halleyschen Kometen großes Aufsehen (rechts).

1015   Baubeginn des Straßburger Münsters.

Unter Bischof Bernward wird in Hildesheim die berühmte bronzene Bernwardstür fertiggestellt.

1024   Mit Konrad II. beginnt die rund 100 Jahre während Königsherrschaft des fränkischen Adelsgeschlechts der Salier.

1043   In Europa herrscht eine große Hungersnot.

1054   Die Exkommunikation des griechischen Patriarchen Michael Kerullarios durch Kardinal Humbert von Silva Candida führt zum Morgenländischen Schisma, der bis heute andauernden Trennung der morgenländischen orthodoxen Kirchen von der römisch-katholischen Kirche.

1066   Der Normannenherzog Wilhelm erhebt Anspruch auf den englischen Königsthron und setzt mit 10 000 Rittern nach England über. In der siegreichen Schlacht bei Hastings verdient er sich seinen Ehrennamen „der Eroberer".

Wiedererrichtung des von Arabern zerstörten italienischen Klosters Montecassino. Benedikt von Nursia, der Vater des abendländischen Mönchtums, hatte es im Jahr 529 gegründet.

1067   Beginn der Arbeiten am Wandteppich von Bayeux, der in vielen Szenen die Eroberung Englands durch die Normannen schildert.

1077   Heinrich IV. erreicht durch den Gang nach Canossa die Lösung von dem Bann, den Papst Gregor VII. im Jahr 1076 gegen ihn verhängt hatte.

1078   In London beginnt der Bau des Tower.

Um 1080   Die Bierbrauerei, die vorher in vielen Haushalten privat betrieben wurde, entwickelt sich zu einem Zunftgewerbe.

1084   Der Konflikt zwischen Heinrich IV. und seinem erbitterten Feind, Papst Gregor VII., erreicht einen weiteren Höhepunkt. Der deutsche König nimmt Rom ein und läßt sich von dem Gegenpapst Klemens III. zum Kaiser krönen.

Knut II., der im 11. Jh. Dänemark und England regierte.

1085   Kaiser Heinrich IV. verkündet in Mainz einen Gottesfrieden, der dem Schutz bestimmter Bevölkerungsgruppen, wie Frauen und Geistlichen, vor der Willkür von marodierenden Rittern dienen soll.

1086   In England wird auf Anordnung Wilhelms des Eroberers das *Domesday Book* erstellt. Es enthält u. a. eine genaue Bestandsaufnahme des Grundbesitzes in den englischen Grafschaften und wird bei der Ermittlung von Steuern herangezogen.

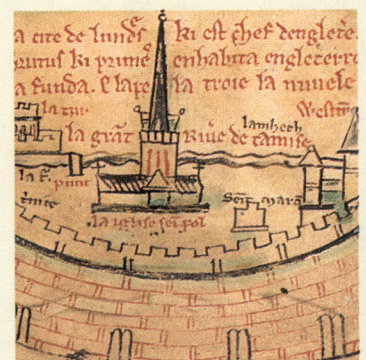

Die Londoner St.-Pauls-Kathedrale, die im Jahr 1076 durch einen Brand zerstört wurde.

1087   Tod Konstantins des Afrikaners, der durch seine zahlreichen lateinischen Übersetzungen arabischer Texte einen wesentlichen Beitrag zur Blüte der Medizinschule von Salerno geleistet hatte.

1095   Papst Urban II. ruft die abendländische Christenheit im französischen Clermont zum Ersten Kreuzzug auf.

1098   Robert von Molesme und der heilige Alberich gründen Cîteaux (Burgund), das Mutterkloster des Zisterzienserordens.

1099   Die Kreuzritter erobern nach blutigen Kämpfen die Heilige Stadt, und der lothringische Herzog Gottfried von Bouillon wird zum ersten christlichen Herrscher des Königreichs Jerusalem.

12. JAHRHUNDERT

1104 Heinrich V. erhebt sich gegen Heinrich IV., seinen Vater, der ein Jahr später abdankt.

1119 Hugo von Payens gründet zum Schutz des Heiligen Grabes in Jerusalem den Templerorden. Von einem Großmeister geleitet, gliedert sich der Orden in Ritter, Kaplane und dienende Brüder.

1122 Das Wormser Konkordat, eine von Papst Kalixt II. und Kaiser Heinrich V. getroffene Vereinbarung, beendet den seit rund 50 Jahren schwelenden Investiturstreit um die Einsetzung hoher Geistlicher in ihre Ämter.

Um 1125 Die Musik der südfranzösischen Troubadours gelangt zu einer ersten Blüte. Wie die deutschen Minnesänger besingen die Troubadours eine unerreichbare adlige Herrin.

1130 Der mächtige Normannenführer Roger II. wird von Papst Anaklet II. zum König „beider Sizilien" gekrönt.

Diese mittelalterliche Miniatur zeigt den Tod des legendären Königs Artus.

1144 Der Kreuzfahrerstaat Edessa wird von türkischen Seldschuken erobert.

Fertigstellung der unweit von Paris gelegenen, nach Plänen von Abt Suger errichteten Kirche Saint-Denis, die als frühes Meisterwerk der gotischen Baukunst gilt.

1146 Der heilige Bernhard von Clairvaux ruft im burgundischen Vézelay zum Zweiten Kreuzzug (1147–1149) auf.

1147 Gründung des Zisterzienserklosters Maulbronn.

Der Papst segnet den deutschen Kaiser Friedrich I. Barbarossa aus dem Geschlecht der Staufer.

Um 1150 Die Technik der Papierherstellung wird durch die Araber in Spanien bekannt.

In Deutschland entstehen die ersten Familiennamen, die sich meist auf den Beruf oder die Herkunft beziehen.

1152 Tod des deutschen Königs Konrad III.

1153 Tod Bernhards von Clairvaux, des bedeutendsten Abtes des Zisterzienserordens.

1155 Friedrich I. Barbarossa wird in Rom zum Kaiser gekrönt.

Auf dem Berg Karmel in Nordpalästina wird der Bettelorden der Karmeliter gegründet.

Durch den Zusammenschluß mehrerer geistlicher Schulen entsteht die Universität von Paris.

1162 Friedrich I. Barbarossa kämpft gegen die oberitalienischen Städte und läßt Mailand zerstören.

1170 Nach einem mehrjährigen Exil in Frankreich wird der mit dem englischen König Heinrich II. verfeindete Erzbischof von Canterbury, Thomas Becket, in der Kathedrale von Canterbury ermordet.

1176 Lombardische Städte fügen Kaiser Friedrich I. Barbarossa in der Schlacht von Legnano eine schwere Niederlage zu.

1179 Tod der Äbtissin und bedeutenden Gelehrten Hildegard von Bingen. Sie schrieb naturwissenschaftliche und medizinische Werke von hohem Rang.

1180 Philipp II. August wird König von Frankreich.

1187 Der türkische Sultan Saladin erobert Jerusalem.

1189 Richard I. Löwenherz wird König von England.

An den europäischen Königshöfen war das Schachspiel im Mittelalter ein beliebter Zeitvertreib.

Kaiser Friedrich I. Barbarossa bricht zum Dritten Kreuzzug auf. Im folgenden Jahr ertrinkt er im Salef, einem Fluß in der Türkei.

1190 Gründung des Deutschen Ordens.

1195 Tod des Welfenherzogs Heinrich der Löwe, des Gegenspielers von Kaiser Friedrich I. Barbarossa.

1199 Tod von Richard I. Löwenherz, dessen Nachfolger sein Bruder Johann ohne Land wird.

„Bete und arbeite": ein Mönch bei der Getreideernte (rechts). Vier Ochsen ziehen einen Pflug (unten).

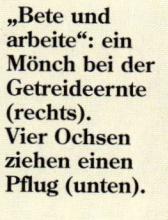

13. JAHRHUNDERT

Ludwig VIII. wird 1223 zum König von Frankreich gekrönt.

Um 1200 Wolfram von Eschenbach schreibt *Parzival*, das bedeutendste deutsche Epos des Mittelalters.

Zum Zeichen ihrer Verbundenheit tauschen Verlobte Ringe aus.

Blüte des Minnesangs am Hof der Babenberger in Wien.

1204 Zerstörung Konstantinopels, des Zentrums des Byzantinischen Reiches, durch ein von den Venezianern angeführtes Kreuzfahrerheer. Es kommt zur Gründung eines „Lateinischen Kaiserreichs", das neben einem Teil Konstantinopels noch Thrakien, kleinasiatische Gebiete sowie einige Inseln in der Ägäis umfaßt.

Klarer Durchblick? Im 13. Jh. wird die Brille erfunden.

1206 Dschingis-Khan wird zum Herrscher der Mongolen.

1209 In England wird die Universität von Cambridge gegründet.

1215 Der englische König Johann ohne Land gesteht in der *Magna Carta* aufständischen Baronen und der Kirche viele Privilegien zu. Die 63 Artikel beinhalten den Schutz der Vasallen vor königlicher Willkür und das Recht der Geistlichkeit auf die freie Wahl der Bischöfe.

Die Kirche verbietet Gottesurteile wie die Feuer- und Wasserprobe.

1220 Friedrich II. wird zum Kaiser gekrönt.

1230 Kreuzfahrer, die aus dem Heiligen Land zurückkehren, bringen die Lepra nach Europa.

Tod Walthers von der Vogelweide, des bedeutendsten deutschen Minnesängers.

1234 Kreuzritter besiegen die Stedinger Bauern in Oldenburg. Die Stedinger hatten sich geweigert, Abgaben an die Kirche zu leisten, und galten daher als Ketzer.

1235 Friedrich II. erläßt auf dem berühmten Reichstag zu Mainz ein Landfriedensgesetz. Zahlreiche Turniere und andere Festlichkeiten

Farbige Glasscheiben schmücken die Kathedralen der Gotik.

machen den Reichstag zu einem der herausragenden gesellschaftlichen Ereignisse des Mittelalters.

Um 1240 Erste Verwendung von Pulvergeschützen in Europa.

1246 Friedrich II. vollendet sein Falknereibuch *Über die Kunst, mit Vögeln zu jagen*, das als Meisterleistung der beobachtenden Naturwissenschaft gilt.

1250 Tod Friedrichs II.

Scharfrichter schließen sich in Deutschland zu Zünften zusammen.

1264 Einführung des Fronleichnamsfestes durch Papst Urban IV.

1268 Konradin, der Sohn des Stauferkönigs Konrad IV., wird nach seiner Niederlage gegen die Franzosen in der Schlacht bei Tagliacozzo hingerichtet. Damit verlieren die Staufer das Königreich Neapel-Sizilien.

1270 Der französische König Ludwig IX., der Heilige, stirbt während des Siebten Kreuzzuges an einer Seuche.

1271 Als Begleiter seines Vaters und seines Onkels tritt Marco Polo eine Reise nach Zentralasien und Nordchina an.

1273 Mit der Wahl Rudolfs I. von Habsburg zum deutschen König beginnt der Aufstieg des Geschlechts der Habsburger.

1278 In Europa führt religiöser Massenwahn zu einer Veitstanzepidemie.

1284 Genua wird nach einem großen Sieg über Pisa das wichtigste Handelszentrum im Mittelmeer.

Um 1290 In Italien wird die Brille erfunden.

Die Erfindung des Spinnrades bedeutet einen großen Fortschritt für die Textilindustrie.

1291 Mit dem Verlust Akkos (Palästina) an türkisch-ägyptische Mamelucken endet die Geschichte der Kreuzfahrerstaaten.

1294 Unter der Führung Lübecks wird die Hanse als Städtebund zur Förderung des Handels gegründet.

In England gelangt die Textilindustrie zu früher Blüte.

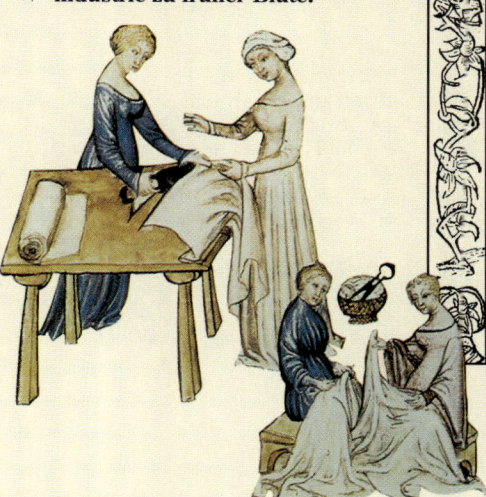

153

14. JAHRHUNDERT

Um 1300 In vielen Städten des Mittelalters sind Dirnen zu offiziell anerkannten Zünften zusammengeschlossen.

1306 Vertreibung von mehr als 100 000 Juden aus Frankreich.

1309 Marienburg (Westpreußen) wird zum Sitz des Deutschen Ordens.

Die Päpste werden von der französischen Krone abhängig und residieren mehrere Jahrzehnte in Avignon.

Robert Bruce, Vorkämpfer für die Unabhängigkeit Schottlands.

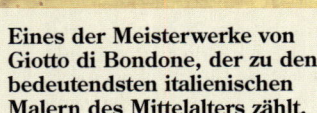

Eines der Meisterwerke von Giotto di Bondone, der zu den bedeutendsten italienischen Malern des Mittelalters zählt.

1310 Der Johanniterorden läßt sich auf Rhodos nieder.

1314 Robert Bruce führt in der Schlacht von Bannockburn 30 000 Schotten zum Sieg über rund 100 000 Engländer und sichert dadurch die schottische Unabhängigkeit.

1315 Ein italienischer Arzt seziert öffentlich eine Leiche.

1321 Der italienische Dichter Dante Alighieri beendet seine

Göttliche Komödie, eines der größten literarischen Werke des Mittelalters.

1327 Ludwig der Bayer wird in Rom zum Kaiser gekrönt.

Um 1330 Die Erfindung der Sägemühle bedeutet einen großen Fortschritt für das Tischlereihandwerk.

1337 Beginn des 100jährigen Krieges zwischen England und Frankreich um die Vorherrschaft in Westeuropa. Die blutigen Auseinandersetzungen bleiben auf das Gebiet Frankreichs beschränkt.

Um 1340 Rund 30 000 Menschen, ein gutes Drittel der Bevölkerung von Florenz, sind in der Woll- und Seidenindustrie beschäftigt.

1348 Höhepunkt der Pest in vielen europäischen Städten. Insgesamt fallen ihr rund 25 Mio. Menschen zum Opfer, etwa ein Drittel der damaligen Bevölkerung Europas. In zahlreichen Gegenden kommt es zu schweren Übergriffen gegen Juden, denen die Schuld an der Epidemie zugewiesen wird.

In Prag wird die erste deutsche Universität gegründet.

1351 In Speyer streiken die Webergesellen für höhere Löhne.

1353 Der Italiener Giovanni Boccaccio vollendet seine Novellensammlung *Decamerone*.

Türken dringen nach Europa vor und besetzen in den folgenden Jahrzehnten Bulgarien und Serbien.

1356 Kaiser Karl IV. sichert den sieben Kurfürsten in der *Goldenen Bulle* das Recht der Königswahl zu.

1363 Guy de Chauliac, ein Wundarzt aus Montpellier, schreibt ein bedeutendes Chirurgiebuch, das fast 200 Jahre lang als Standardwerk gilt.

1376 Mit der Rückkehr Papst Gregors XI. aus Avignon nach Rom endet die „Babylonische Gefangenschaft" des Papsttums.

1378 Reformversuche Papst Urbans VI. stoßen auf den Widerstand zahlreicher Kardinäle, die den Gegenpapst Klemens VII. wählen. Diese große Kirchenspaltung, das Abendländische Schisma, dauert bis 1423.

Um 1380 In Deutschland wird das Kartenspiel populär und löst das Würfeln als beliebtestes Spiel ab.

Mit Schwertern bewaffnete Ritter ringen im erbitterten Nahkampf um den Sieg in der Schlacht.

1381 Die Einführung einer allgemeinen Kopfsteuer führt in England zu einem Aufstand.

Venedig beendet einen über 100 Jahre währenden Konflikt mit Genua siegreich und beherrscht dadurch den Orienthandel.

1382 In Frankreich kommt es zu einem Volksaufstand wegen der Erhöhung der Salzsteuer.

1386 Gründung der Universität von Heidelberg.

Baubeginn des Mailänder Doms.

1389 Der Landfriede zu Eger beendet den süddeutschen Städtekrieg.

Um 1390 In Deutschland wird Papier mit Hilfe von Wassermühlen hergestellt.

1399 Nach dem Sturz von König Richard II. besteigt Heinrich IV. den englischen Thron.

Im 14. Jh. werden erstmals in Europa Leichen seziert.

15. JAHRHUNDERT

1403 In Venedig wird ein Quarantänekrankenhaus gegründet.

1415 Die Brüder von Limburg schaffen im Auftrag des Herzogs von Berry das Stundenbuch *Les très riches heures du Duc de Berry*. Diese berühmte Handschrift ist mit eindrucksvollen Miniaturen geschmückt.

Der tschechische Reformator Jan Hus wird als Ketzer verbrannt.

1419 Nachdem Kaiser Sigismund die religiösen Forderungen der Hussiten, wie die Laienpredigt und die Armut von Geistlichen, ablehnt, beginnen die Hussitenkriege.

1429 Jeanne d'Arc, die Jungfrau von Orléans, befreit Orléans von den Engländern und leitet damit eine Wende im 100jährigen Krieg ein.

1434 Der italienische Bankier Cosimo de Medici wird Herrscher von Florenz.

Um 1440 Erfindung des Buchdrucks mit beweglichen Metallettern durch Johannes Gutenberg.

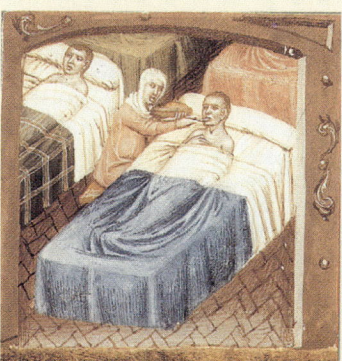

Miniatur aus dem Stundenbuch *Les très riches heures du Duc de Berry*.

In vielen europäischen Städten entstehen öffentliche Krankenhäuser mit verschiedenen Abteilungen.

1446 Tod Filippo Brunelleschis, des italienischen Baumeisters, der u. a. die große Kuppel des Doms von Florenz schuf.

1452 Der deutsche König Friedrich III. wird in Rom zum Kaiser gekrönt.

1453 Die osmanischen Türken unter ihrem Sultan Mohammed II. nehmen Konstantinopel ein und beenden die fast 1000jährige Herrschaft des Byzantinischen Reiches.

1464 Tod des großen deutschen Philosophen und Mathematikers Nikolaus von Kues.

1466 In Straßburg wird die erste deutsche Bibel gedruckt.

1469 Heirat der Katholischen Könige Ferdinand von Aragonien und Isabella von Kastilien.

1470 Portugiesische Seefahrer entdecken Westafrika.

1472 In Rom stirbt der berühmte italienische Baumeister und Kunsttheoretiker Leon Battista Alberti, der u. a. die Pläne für die Fassade der Kirche Santa Maria Novella in Florenz entwarf.

Um 1475 In Spanien erhält das Schachspiel seine moderne Form.

1487 Der portugiesische Seefahrer Bartolomeu Diaz umsegelt die Südspitze Afrikas, das Kap der Guten Hoffnung.

Die beiden Dominikaner Heinrich Institoris und Jakob Sprenger verfassen den *Hexenhammer*, ein Gesetzbuch, das vielen Hexenprozessen zugrunde gelegt wird und ausdrücklich die Anwendung der Folter zuläßt.

Um 1490 In Italien entsteht das Ballett, das sich aus Gesellschafts- und pantomimischen Maskentänzen entwickelt.

1492 Der genuesische Seefahrer Christoph Kolumbus bricht in Spanien auf, um einen westlichen Seeweg nach Indien zu suchen, und entdeckt statt dessen die Neue Welt.

Die Araber müssen Granada, ihren letzten Stützpunkt auf der Iberischen Halbinsel, an die Spanier übergeben.

1494 Vertreibung der Medici aus Florenz.

Johanna von Orléans wird im Jahr 1431 als Ketzerin verbrannt.

Diese Frau malt eine *Maria mit dem Kind*, während ein Lehrling die Farben mischt.

1497 Im Refektorium des Klosters Santa Maria della Grazie in Mailand wird *Das Abendmahl*, das weltberühmte Fresko des florentinischen Malers Leonardo da Vinci, enthüllt.

Lorenzo il Magnifico beginnt seine 23jährige Herrschaft über Florenz. Während seiner Regierungszeit wird die toskanische Stadt zum Zentrum der Renaissance.

1498 In Nürnberg wird das erste deutsche Leihhaus eröffnet.

Tod des spanischen Großinquisitors Thomas Torquemada.

1499 Der „Schwabenkrieg" führt zur Lösung der Schweiz vom Heiligen Römischen Reich.

REGISTER

BILDNACHWEIS

NVREMBERGA

S. Lorenus.

S. Sebaldus.